Für Anette,
Josephine, Charlotte und Julius

Thorsten Latzel

Bedingungslos
Vom Halt in zerbrechlichen Zeiten

Theologische Impulse 4

Impressum

Bibliografische Information der Deutschen Nationalbibliothek:
Die Deutsche Nationalbibliothek verzeichnet diese Publikation in der Deutschen Nationalbibliografie; detaillierte bibliografische Daten sind im Internet über http://dnb.dnb.de abrufbar.
© 2020 Thorsten Latzel
Lektorat & Korrektorat: Anette Latzel, Satz: Thorsten Latzel
Cover-Gestaltung: Rainer Stenzel
Coverfoto: 123RF, Yevhen; Bildbearbeitung Rainer Stenzel.

Herstellung und Verlag: BoD – Books on Demand, Norderstedt
ISBN: 978–3–7519–7278–9

INHALT

Fra|gi|li|tät, die, f. – Zartheit, Zerbrechlichkeit, Feinheit. Bsp.: die F. der Welt, des Lebens, des Friedens, der Liebe. Von lat. fragilis – zerbrechlich, brüchig, vergänglich, unbeständig[1].

Der Begriff beschreibt ein Zeitgefühl während der Pandemie. Vieles, was unumstößlich gesetzt war, gilt auf einmal nicht mehr: Das Kind muss zur Schule, der Rubel rollen, die Show weitergehen. Und Seuchen finden nur woanders statt. Doch plötzlich Lock-Down. Ein neues Bewusstsein dafür, wie zerbrechlich und vergänglich unser Leben ist, individuell wie auch gesellschaftlich.

Der libanesisch-amerikanische Finanzmathematiker Nassim Nicholas Taleb hat sich mit Fragilität intensiv auseinandergesetzt. Ein poetisches Bild, mit dem Taleb unerwartete Ereignisse und ihre Folgen beschreibt, ist das des „schwarzen Schwans"[2]. Seit der Antike galt er als Widerspruch in sich wie ein weißer Rabe. 1697 bekam dann der erste Europäer in Australien ein Exemplar zu Gesicht. Seitdem steht er exemplarisch für „Systemsprenger", für die empirische Widerlegbarkeit bisher fester Annahmen. Wappentier aller skeptischen Philosophen.

Taleb unterscheidet dabei fragil, robust und antifragil[3]. Antifragil bezeichnet die Eigenschaft, unter Druck, Stress, Belastung nicht zu zerbrechen (fragil) oder statisch gegenzuhalten (robust).

Vielmehr wird die Störung zum Anlass, sich selbst zu verändern und weiterzuentwickeln. Not macht erfinderisch. Wachstum durch Belastung (vgl. Muskeln, Knochen). Geistlich gesprochen: „Bedrängnis bewirkt Geduld, Geduld aber Bewährung, Bewährung Hoffnung." (Röm 5,3f.) Die Pandemie hat individuell wie sozial zu viel Leid geführt, das seinem Wesen nach einfach sinnwidrig ist. Und es ist grundverkehrt, dies als irgendwie sinnvoll anzusehen. Eine andere Frage ist es, wie wir persönlich wie als Gesellschaft damit umgehen: Was gibt uns Trost, Halt, Mut – allen widerstreitenden Erfahrungen zum Trotz? Worauf kommt es wirklich an? Und wie wollen wir daher zukünftig leben?

Pandemien verursachen bedingungslos Leid und werfen so zugleich die Frage auf, was bedingungslos trägt. Die Essays in diesem Band beschäftigen sich genau damit, dem Halt in zerbrechlichen Zeiten. Mal persönlich, politisch, poetisch; mal im Gespräch mit alten, biblischen Geschichten. Es sind meine Versuche, über diese Fragen geistlich nachzudenken. Entstanden oft aus der Begegnung mit verschiedenen Menschen und im Horizont meines Zweifelns und Glaubens an Gott. Ich freue mich, wenn sie für andere eine Hilfe zum eigenen Nachdenken, Zweifeln und Glauben sein können.

Mein herzlicher Dank gilt allen, von denen ich mehr lernen konnte, als sich dies in Vorworten oder Fußnoten dokumentieren lässt. Stellvertretend seien hier nur diejenigen erwähnt, ohne die auch dieser Band niemals das Licht einer Buchhandlung erblickt hätte: Frau Karin Weintz und Herr Jonathan Horstmann für die große Unterstützung beim Versenden. Herr Rainer Stenzel für die kompetente Gestaltung des Covers. Und natürlich meine Frau Anette – fürs Mitdenken, Gegenlesen, Anderssagen und für vieles andere mehr. Danke!

1. SPIEGELBLICKE IN DER KASTANIENZEIT.

Über schöne Vergänglichkeit

Kastanienzeit

In den letzten Wochen im September hatte Gott wieder Braun im Sonderangebot. Schön, glänzend, prall lagen sie auf den Wegen und Wiesen. Auch bei uns zu Hause im Viertel. Kastanien – kleine Edelsteine des Herbstes. „Da, Mensch, für Dich. Freu Dich daran." Zugleich wirken sie auf mich immer wie „Melancholie-Murmeln" – vielleicht, weil ich im Herbst geboren bin. Sie erinnern mich an Vergangenes, meine eigene Kindheit: Stöcke in die Bäume werfen. Sammeln, bis die Taschen platzen. Kastanien-Tiere mit Streichhölzern basteln. Wie oft habe ich dieses Herbst-Schauspiel schon bewusst erlebt? 30-, 40-, 50-mal? Und wie oft werde ich es noch erleben?

> „Unser Leben währet siebzig Jahre,
> und wenn's hoch kommt, so sind's achtzig Jahre,
> und was daran köstlich scheint, ist doch nur vergebliche Mühe;
> denn es fähret schnell dahin, als flögen wir davon."
> (Psalm 90,10)

Ein türkischer Freund hat mir einmal erzählt, dass er den Herbst in Deutschland besonders liebe, weil es so etwas in seiner früheren Heimat nicht gegeben habe. Einen langsamen Übergang zwischen Sommer und Winter. Eine Zeit „schöner Vergänglichkeit". „Blues-Tage" zum Spazierengehen, Kastanien-Sammeln, Tee-Trinken, Bücher-Lesen, Garten-Aufräumen, Musik-Hören, nochmal Tee-Trinken. Und zum Nachdenken. Um über die Welt, das Leben und mich selbst in Ruhe nachzudenken.

Drei Spiegelblicke

1. Morgens

Einer der ersten Blicke am Morgen geht in aller Regel zum Spiegel. Gefällt es mir, was ich da sehe? Die Haare werden weniger oder grau. Dafür wächst das Doppelkinn. Falten um die verschlafenen Augen. Ich sehe müde aus.

Oder geht es mir wie Narziss? Kann ich mich von der Schönheit meines Bildes kaum losreißen? „Also, wenn ich Du wäre, würde ich mich glatt in mich verlieben."

Der gespiegelte Mensch, reflektiert in sein eigenes Auge. Was ich sehe, ist das Bild eines Menschen, wie er das Bild eines Menschen sieht – und sich fragt, wer er selber ist. Was ich sehe, bin aber nicht ich. Es ist uns Menschen unmöglich, uns wirklich selber zu sehen. Denn Spiegel lügen. Immer. Sie sind verkehrt, sprichwörtlich „spiegel-verkehrt". Um sich selbst zu erkennen, wirklich zu erkennen, braucht es ein Angesicht, keinen Spiegel. Das gehört zu den zentralen Einsichten des Glaubens, dass wir uns selbst und allen anderen zeitlebens ein Geheimnis bleiben. Weil Gott allein den Menschen erkennt – das, was ihn im Innersten ausmacht und ihm selbst weithin verborgen ist. „Ein

Mensch sieht, was vor Augen ist, Gott aber sieht das Herz an." (1. Sam 16,7)

2. Abends

Vor ein paar Jahren im Fitness-Studio: Bei Pulsschlag 140 auf dem Cross-Trainer kommt Kelly, mein damaliger Fitness-Trainer, zu mir. Kelly weiß, dass ich bei der Kirche arbeite. Er erzählt mir von seinem Wien-Urlaub. „Weißt Du, Thorsten, ich habe mir da auch ein paar Kirchen angesehen – orthodoxe, katholische, evangelische. Bei Euch ist es ja eher etwas, nun, sagen wir mal – kahl." Ich keuche etwas, was wie eine Antwort klingt. Versuche mit meinem wenigen Rest-Atem die Schönheit protestantischer Kargheit zu erläutern. Der Puls ist jetzt eh dahin. Dann wieder Kelly. „Eine Frage habe ich aber noch. Mit Bitte um eine kurze Antwort: Was ist Gott?" Als ich meiner Frau am nächsten Morgen davon erzähle, sagt sie: „Wie – und du bist schon wieder zu Hause?"

Meine Antwort damals war, glaube ich, eine typische Theologen-Antwort:

- Gott als das Geschehen einer schöpferischen Liebe, die das ganze Leben – Menschen, Tiere, Welt – umfasst.
- Eine Liebe, die im Kreuz Christi alle Werte auf den Kopf stellt.
- Und eine Liebe, die am Ende stärker ist selbst als der Tod.

Doch soviel ich auch geredet habe, spürte ich, dass der Frage eine Kraft innewohnte, die die Antwort nicht besaß. „Was ist Gott?" Und es ist wohl kein Zufall, dass die Frage von einem Menschen kommt, der sich Tag aus Tag ein in einem Raum mit Wänden voller Spiegel bewegt. „Was ist eigentlich Gott?" Es gehört zu den tiefen Einsichten der Reformatoren, dass das Geheimnis des Menschen und das Geheimnis Gottes unlöslich miteinander verwoben sind. Vielleicht lässt sich Gott am treffendsten beschreiben als „der eine und einzige, der mich und alle anderen wirklich erkannt hat". Und bei dem Erkennen ganz im biblischen Sinne immer auch ein Akt des Liebens ist.

3. Im Film

Robert Redford drehte als Regisseur 1988 den wunderschönen, mit einem Oscar prämierten Film „Milagro – Der Krieg im Bohnenfeld".[4] Er spielt in New Mexico und handelt von dem Kleinbauern Joe Mondragon, der sich gegen ein touristisches Großprojekt wehrt, indem er unerlaubter Weise Wasser auf das ausgedörrte Bohnenfeld seiner Väter leitet. Als Rahmhandlung der Geschichte wird erzählt, wie der alte Amarante Cordova zum Heiligen wird. Der Film beginnt damit, dass der alte Amarante in seiner ärmlichen Hütte aufwacht. Mühsam schafft er es, aus dem Bett aufzustehen und bis zu dem fleckigen, an vielen Stellen schon blinden Spiegel zu gehen. Seine letzten Haare stehen wirr zur Seite ab, seine Brille sitzt schief im Gesicht, sein Unterhemd spannt über seinem Körper. Und dann sagt er den ersten Satz des Films: „Ich danke dir Gott, dass ich diesen Tag erleben darf." Es ist eine faszinierende Szene der Dankbarkeit und des Gotteslobes angesichts menschlicher Vergänglichkeit. Vielleicht, weil es die Weisheit eines Heiligen braucht, um sich selbst für einen Moment mit den Augen Gottes sehen zu können. Allen Täuschungen des Spiegels zum Trotz.

Was ist Gott?

Der tiefe Grund für das Wunder,
dass es die Welt und dich und mich gibt.
Die letzte Hoffnung gegen den Zweifel,
wenn du und ich einmal nicht mehr sein werden.
Das lächelnde Angesicht dereinst,
in dem wir uns einmal so erkennen werden,
wie wir in Liebe erkannt sind.

Kastanien

Wunder zum drüber Stolpern
Melancholie-Murmeln
Guerillataktik des Schöpfers,
um uns die Augen zu öffnen
für die Schönheit des Vergänglichen.

2. EWIGKEIT –
SIEBEN THESEN UND EIN GEDICHT

„Da wird das Lachen werden teu'r,
wenn alles wird vergehn im Feu'r,
wie Petrus davon schreibet."[5]

Die Ewigkeit kann einen manchmal ganz schön den Tag versauen. Natürlich klingt „ewiges Leben" erst einmal sehr schön. Vor allem im November: Wenn die Bäume kahl und die Tage kürzer werden. Wenn man spürt wie die eigene Zeit verrinnt. Und die der Liebsten. Wenn der kalte Wind des „Nicht mehr" über die Felder weht. Entsprechend bunt und schön sind denn auch die Bilder der Ewigkeit in der Bibel: ein neuer Himmel und eine neue Erde, ein Festmahl, eine Hochzeit. Wie etwa in den Endzeitreden Jesu (Mt 24f.).

Aber irgendwas stimmt mit dem Konzept der Ewigkeit nicht. Ich meine: Was soll denn das für ein Festmahl sein?
Die einen kommen überhaupt nicht rein, darunter vielleicht ich selbst oder meine Liebsten. Sie müssen draußen bleiben, wo Heulen und Zähneklappern sein wird.

Die anderen, die reinkommen, bringen mit: *„Weinen, Klagen, Sorgen, Zagen"* (J.S. Bach, BWV 12). Das Leben als großes Tränental. Als wären Christen Menschen, die zum Lachen in den Himmel gehen müssen.

Und als Türsteher für die Ewigkeit machen blasshäutige Theologen hier auf Erden schon einmal den Vorverkauf. Unter uns: Wenn die Party so losgeht, kann die Ewigkeit ganz schön lang und dröge werden.

Die entsprechenden biblischen Geschichten kann man in der Tat so lesen. Und sie wurden es auch, wie der Text des eingangs zitierten Kirchenliedes zeigt. Deswegen gibt es auch die Gegenreaktion, dass manche in der Kirche am liebsten gar nicht mehr von ewigem Leben oder vom Gericht sprechen. Sondern nur noch davon, dass wir alle „unbedingt angenommen" sind. Irgendwie. Was auch nicht wirklich befriedigt.

Der Ewigkeitssonntag, der Toten-Sonntag: Er ist der Tag im Kirchenjahr, an dem sich zeigt, was wir als Kirche des Wortes wirklich zu sagen haben:

- angesichts der offensichtlichen und immer wieder bedrückenden Macht des Todes,
- angesichts der Trauer, um die Menschen, die nicht mehr unter uns sind,
- und angesichts der zerbrechlichen, zarten, vagen Hoffnung auf die Ewigkeit.

Anlass genug noch einmal genauer hinzusehen, was die Schrift, was Jesus sagt zur Hoffnung über den Tod hinaus.

Sieben Thesen zur Ewigkeit – und ein kleines Gedicht:

1. Es ist nicht egal, wie wir leben.

Es ist nicht egal, ob ich meinen Partner betrüge oder nicht, ob ich meine Kinder liebe oder nicht, ob ich über meinen Kollegen lästere oder nicht, ob ich meine demente Oma besuche oder nicht, ob ich Kranke pflege, Trauernde tröste, Nackte kleide, Hungernde satt mache, Fremde aufnehme – oder nicht. Das alles spielt eine Rolle – in Ewigkeit. Im Bilde gesprochen: Der auferstandene Christus trägt die Wunden des Kreuzes bleibend an seinem Körper. Und auch die Salbung, die er erfahren hat. Das gilt auch für das Gute und für die Wunden, die wir einander zufügen. Was wir tun, ist nicht egal. Wir können unser Leben erfüllen und es verfehlen. Tagtäglich. Es ist nicht egal.

2. Wer lebt, um in die Ewigkeit zu kommen,
hat sie schon verfehlt.

Das ist die große befreiende Einsicht, die Martin Luther 1517 wieder neu entdeckt hat. Man kann mit dem Höchsten, dem Ewigen nicht handeln. Gott sei Dank! Und was wäre das auch für ein kleiner, mickriger Buchhalter-Typ, zu dem unser ängstliches, verzagtes Gewissen Gott immer wieder machen will. Nein, Gott ist die Liebe. Er ist Freiheit, Liebe, Mutter, Vater, Schöpfer, König, Knecht, Bruder, Geist, Richter. Aber er ist kein himmlischer Bilanzbuchhalter. Und Glaube ist kein religiöser Tauschhandel. Und die Ewigkeit nicht der Lohn für ein frommes, anständiges Leben. Oder meinen Sie ernsthaft, Gott würde den stillen Hintergedanken unserer Frömmigkeit nicht durchschauen? Vergessen Sie`s!

3. Gott richtet, indem er die Dinge in das rechte Licht rückt –
in die Perspektive der Ewigkeit.

Darum geht es in Jesu Gleichnis vom Weltgericht. Der Menschensohn, der auferstandene Christus, wird wie in einem Spektrallicht an den Tag bringen, was in unseren Leben verborgen gewesen ist: an Liebe und Lieblosigkeit.

Das wird für alle eine Überraschung sein: für die mit der moralisch weißen Weste wie für die, die vor sich wie vor anderen immer als Mistkerle dagestanden haben. Im Licht zu stehen, im Angesicht der unbedingten, ewigen Liebe Gottes. Das heißt Jüngstes Gericht. Und man kann sich das ja mal fragen: Wie ich heute, gestern, letzte Woche mit meinen Kolleginnen, Eltern, Nachbarn umgegangen bin – und sie mit mir: Was davon würde eigentlich bestehen, wenn alles offen im Licht der Liebe Gottes dasteht und ich auf ewig mit ihnen leben soll und sie mit mir? Das wird eine Überraschung – in beide Richtungen.

4. Die Pointe liegt darin, aus der Ewigkeit zu leben,
nicht auf sie hin.

Die Ewigkeit ist nicht das Ziel, sondern der Ursprung unseres Lebens. Das ist ja das Schöne, das Unmoralische in allen Gleichnissen Jesu. Was in unseren religiösen Vorstellungen immer wieder zu einem Knoten führt: Die Ewigkeit ist uns geschenkt. Gratis, umsonst, für umme, kostenlos. Die Frage ist, wie sehr wir sie für unser Leben gelten lassen. Oder auch nicht. Das wird unsere Vorstellung davon, was „Gewinn" und „Verlust" in unserem Leben war, ziemlich auf den Kopf stellen. Gerade wenn wir aus der Ewigkeit leben, und nicht auf sie hin, bekommt auf einmal jeder einzelne „Augen-Blick" eine ganz andere Bedeutung.

5. Aus der Ewigkeit zu leben, das heißt:
mit Freude ich zu sein – und für andere da zu sein.

Beides gehört unlöslich zusammen. Wir sollten aufhören in unserem Leben irgendwie ein anderer sein zu wollen. Ich bin nicht Martin Luther, Mahatma Gandhi, George Clooney, Albert Einstein, nicht der Wunsch-Mensch meiner Eltern, Trainer, Lehrer, Partnerin. Sondern ich bin Thorsten Latzel: dieser eine, konkrete, unverwechselbare Mensch. Mit meinen großen Gaben, von Gott wunderbar geschaffen. Und mit meinen ebenso großen Macken. Oder dem, was ich dafür halte. Und ich bin es, gerade indem ich für andere da bin. Indem ich es zulasse, dass ich in jedem anderen einem ebenso einzigartigen, liebenswerten, von Gott wunderbar geschaffenen Menschen begegne. Auch wenn der andere, genau wie ich, sich immer wieder alle Mühe gibt, das nicht zu sein. Ich begegne im Angesicht des anderen Menschen Christus – und er in mir.

6. Aus der Ewigkeit zu leben heißt daher: aufzuwachen.

Es heißt aufzuwachen aus der alltäglichen Täuschung, mit der wir uns selbst und anderen etwas vormachen. Wir sind nicht der Held und auch nicht der Verlierer, als der wir uns selbst je nach Typ und Wetterlage gerne sehen.

Und wir sind auch nicht das Zerrbild, das andere von uns haben mögen. Wir sind – als diese einzigartigen Menschen – Ebenbilder Gottes. Deshalb: Wach auf. Hör auf, dich selber und andere zu verzwergen oder künstlich zu überhöhen. Sondern lebe aus der Ewigkeit Gottes. Segne den Augen-Blick, in dem dir ein anderer Mensch begegnet. Lebe so, dass andere durch dich Christus erfahren.

Und 7. Das Beste kommt noch.

Das gehört zu den tiefen Hoffnungen des christlichen Glaubens. Christen sind Menschen, die das Beste für die Welt noch vor sich wissen. Die allem Anschein zum Trotz darauf vertrauen, dass Gott kommt. Dass Tod, Unrecht, Leiden nicht das letzte Wort haben werden. Dass die Liebe, die am Anfang das Leben aus nichts geschaffen hat, auch am Ende stärker sein wird als der Tod. Christen sind Menschen, die sich keine Sorge darum machen sollten, dass die Hölle am Ende einmal leer sein könnte. Sondern die darauf hoffen, dass Gott am Ende einmal sein wird alles in allem. Und dass Christus uns einmal alle heilsam überraschen wird.

Zum Schluss das kleine Gedicht. Ist wirklich klein.

An der Grenze

An der Grenze
jenes Tages
im Morgenglanz der Ewigkeit
wird man unsere Pässe
aufschlagen
und auf unseren Bildern
wird Gott
lächeln.

3. „KOMM!" –
ADVENTLICHE VARIATIONEN

„Koomm, komm, komm." (anlockend, wie bei einem Hund)
„Komm jetzt!" (nachdrücklich, energisch auffordernd)
„Komm, bitte." (bittend, bettelnd, gewinnend)
„Komm!!!"   (einladend, mit weit offenen Armen)
„Ach, komm." (resigniert abwinkend)

Wie warten Sie eigentlich auf das Kommen Christi?
Romantisch, stimmungsvoll, heimelig lockend – mit Adventskranz-candlelight-Stimmung?

Die Zweiglein der Gottseligkeit,
steckt auf mit Andacht, Lust und Freud.[6]

Oder werden Sie im Advent eher zum „protestantischen Prometheus": Zum ungeduldigen Himmelsstürmer, zum Weltschmerzleidenden, zum Gottbedränger?

O, Heiland, reiß die Himmel auf,
herab, herab vom Himmel lauf.[7]

Machen Sie asketische Übungen, Honig-Heuschrecken-Diät und Wüstenwanderung à la Johannes dem Täufer, dem großen Christus-Warter?

Mit Ernst, o Menschenkinder, das Herz in euch bestellt [...].

„Bereitet doch fein tüchtig, den Weg dem großen Gast;
macht seine Steige richtig, lasst alles, was er hasst."[8]

Oder feiern Sie schon einmal im Glanz des Weihnachtwunders – mit Lebkuchen, Glühwein, Christstollen?

„Tochter Zion, freue Dich,
jauchze laut, Jerusalem!
Sieh dein König kommt zu Dir,
ja er kommt der Friedefürst [...]."[9]

Oder: Haben Sie vielleicht das Warten schon längst aufgegeben?

„Was kann aus Nazareth (respektive vom Himmel)
schon Gutes kommen!"[10]

Es ist nicht einfach, auf den zu warten, der immer schon da ist – und uns doch allzu oft fehlt. Advent ist eine widersinnige Zeit. Nicht irr-sinnig, aber wider-sinnig.

„Des Glaubens Widersinnigkeit": auf den zu warten, der gegenwärtig ist und den wir zugleich sehnlichst vermissen. So als stünde er unerkannt neben uns an der Haltestelle. Er reicht uns das Taschentuch, hält uns den Schirm, sagt uns die Uhrzeit – während wir herumtrippeln und überlegen, ob er wohl wirklich kommt und welchen Bus er genommen haben könnte.

Des Glaubens Widersinnigkeit: Warten in der Gegenwart des Ersehnten.

Wenn ich für mich den Advent mit einem Wort, einem Gefühlszustand beschreiben soll, so ist dies: unfertig sein. Endlich unfertig sein.

„Unfertig sein": Ich bin noch nicht fertig. Bin nicht der, der ich sein werde. Bin unruhig, schwankend // garstig, grob // müde, matt // unfrei, gefangen // verkrüppelt, verkrampft // sehnsüchtig, suchend // fehlerhaft, endlich. Eigentlich bin ich ein ganz Anderer. Ich bin unfertig. Aber: ich bin es endlich.

„Endlich unfertig sein": Erlöst von jedem selbstgewählten oder fremdauferlegten Perfektionismus. Wie könnte ich schon fertig sein, wenn Christus erst noch wiederkommt? Jeder Perserteppich, jeder echte Perserteppich, so sagt man, hat als Erkennungszeichen zumindest einen Webfehler. Ein Hinweis darauf, dass Gott allein vollkommen ist. Ich knüpfe meinen großen Lebensteppich mit schönen Mustern, Farben und Fäden – und lasse meine falschen Knoten und Webfehler Platzhalter der Güte Gottes sein, Zeichen der Sehnsucht nach der Ankunft des Gegenwärtigen. Ich bin noch nicht fertig.

Die Welt ist noch nicht fertig. Ist noch nicht die, die sein wird. Einmal wird es anders sein im Himmel und auf Erden. Wird ein neuer Himmel und eine neue Erde sein. Ohne Leid und Geschrei und Schmerzen.

Einmal wird es eine friedliche Revolution Gottes geben. Dann wird Christus die Mauer zwischen Himmel und Erde einreißen. Dann wird das Tor von Eden wieder geöffnet sein. Dann werden die Herren dieser Welt verwundert ihre Zettel drehen und sagen: „Nach meiner Kenntnis gilt das sofort." Und wir werden noch viel mehr sagen: „Ein Wunder, mit dem eigentlich niemand mehr gerechnet hatte".

Die Welt ist unfertig. Ist endlich unfertig. Sie ist es, wo das ängstliche Harren der Kreatur verstanden wird als Warten darauf, dass wir als die Kinder des Lichts offenbar werden. Wo wir anfangen als Kinder des Lichtes zu leben. Wo der Geist Erstlingsgabe und nicht Privatbesitz ist.

Ja, auch Gott ist noch nicht fertig. Er ist zwar schon der, der er sein wird. In seinem Wesen, in seiner kreativen, schöpferischen Liebe. Aber gerade wegen der Vollkommenheit seiner Liebe ist er noch nicht fertig. Gott ist nicht fertig, weil er sich mit uns eingelassen hat – mit Adam und Eva, mit Abraham und Sara, mit Maria und Joseph. Gott ist nicht fertig, weil seine Schöpfung noch nicht so weit ist, weil wir ihm fehlen, weil er noch nicht „alles in allem" ist (1. Kor 15,28).

- Gott ist unfertig aus eigener, vollkommener Liebe.
- Die Welt ist unfertig auf diese fremde, vollkommene Liebe hin.
- Ich bin unfertig, endlich unfertig, wo ich mich durch diese fremde, vollkommene Liebe verändern lasse.

Zum guten Schluss eine der Geschichten, in der dieses Unfertig-Sein, diese Wider-Sinnigkeit des Glaubens höchst eindrücklich erzählt wird (Mt 11, 2–5):

„Als aber Johannes im Gefängnis von den Werken Christi hörte, sandte er seine Jünger und ließ ihn fragen: „Bist du es, der da kommen soll, oder sollen wir auf einen andern warten?" Jesus antwortete und sprach zu ihnen: „Geht hin und sagt Johannes wieder, was ihr hört und seht: Blinde sehen und Lahme gehen, Aussätzige werden rein und Taube hören, Tote stehen auf, und Armen wird das Evangelium gepredigt; und selig ist, wer sich nicht an mir ärgert."

Advent – das heißt:

- wie Johannes im eigenen Gefängnis mit brennender Geduld nach dem einen zu fragen, der ganz anders ist, auf den wir immerfort warten und der doch schon da ist.

- die Hoffnung nicht aufzugeben, dass die Welt, ich selbst ganz anders werde: „dass Blinde sehen und Lahme gehen, Aussätzige rein werden und Taube hören, Tote auferstehen und Armen das Evangelium gepredigt wird."

- und an der unbegreiflichen Verborgenheit der Liebe Gottes nicht irrewerden.

4. GOTT IN DER KRISE
Wege in der Wüste

Versuch, Gott zu verstehen (Adventspsalm)

Gott, ich gestehe, dass ich nicht verstehe.
Dass ich dich nicht verstehe.

> Warum bist Du Mensch geworden?

> Ausgerechnet Mensch! War das wirklich klug?

Auf uns zu setzen, uns zu deinen Wegbereitern zu machen?
Die Sache mit uns ist schiefgelaufen. Immer wieder. Von Anfang.

> Dein Gärtner in Eden hat sich schon bald als globaler
> Bock erwiesen.

> Wir bauen Türme bis zum Himmel, um uns einen Namen zu machen.

> Und übersehen die Leute, die in den Hütten ringsum
> hungern.

Ja, du hast uns wenig niedriger gemacht als Dich selbst.
„Alles hast du unter unsere Füße getan. Schafe und Rinder
allzumal."

> Aber ob sie darüber so froh sind – das weiß ich nicht.

> Früher oder später landen sie alle in der Pfanne.

Dünn ist die salzige Kruste Moral, die uns davon abhält, selbst einander den Schädel einzuschlagen.

Sehr dünn. Es ist nicht besser geworden.

Doch du bist unverbesserlich in deiner Liebe zu uns.

Können wir Dir wirklich den Weg bereiten?

Wir wissen, wie es gehen könnte. Vielleicht. Prinzipiell.

Aber wir bekommen es nicht hin. Beim besten Willen nicht.

Noch ein Versuch (Adventspsalm)

Gott, ich gestehe, dass ich nicht verstehe.

Dass ich dich nicht verstehe.

Was bist Du für ein Gott, dass Du einen Weg gehst?

Dich abhängig machst von der Vorbereitung anderer?

Allmächtig, ewig, vollkommen – so stellen wir uns Gott vor.

Doch Du? Kommst als Mensch, Säugling, einer unter Milliarden.

Du bist unbegreiflich in Deiner allmächtigen Verletzlichkeit, vollkommenen Bedürftigkeit, göttlichen Blöße.

Es ist, offen gesagt, nicht ganz einfach an Dich zu glauben, sich allein auf Dich zu verlassen:

auf Deine Kraft in den Schwachen, auf Dein Schaffen aus dem Nichts, auf Deine Liebe über den Tod hinaus.

Das ist nicht einfach zu glauben: ohne Wunder und Beweise.

Du bist eben immer so unsichtbar.

Wie können wir Dir den Weg bereiten?

Dein Wort ist uns fremd. Deine Wege verborgen, Deine Weisheit eine Torheit und Ärgernis.

Jesaja 40,3–5

> „Es ruft eine Stimme: ‚In der Wüste bereitet dem
> HERRN den Weg, macht in der Steppe eine ebene
> Bahn unserm Gott! Alle Täler sollen erhöht werden,
> und alle Berge und Hügel sollen erniedrigt werden, und
> was uneben ist, soll gerade, und was hügelig ist, soll
> eben werden; denn die Herrlichkeit des HERRN soll
> offenbart werden, und alles Fleisch miteinander wird es
> sehen; denn des HERRN Mund hat's geredet.‘"

Seine Texte gehören zum theologisch mutigsten und stärks-
ten, was es im reichen Schatz des Alten Testamentes überhaupt
gibt. Und ihnen ist so ungefähr das Schlimmste passiert, was einem in der Kirche überhaupt zustoßen kann: Sie kamen in den
Schredder religiöser Wohlfühl-Weisheiten und wurden zum
Steinbruch für Konfirmations- und Kalendersprüche. Was für
ein Verlust! Vor allem für uns.

Denn es gibt nicht viele von ihnen: starke Theologien der
Krise, die da anfangen, wo alles ins Wanken kommt. Wo Staaten
zusammenbrechen, ganze Völker umherirren und der Glaube
den Halt verliert.

Wir schreiben etwa das Jahr 550 vor Christus. Das Volk Israel, das Königreich Juda ist am Ende. Und mit ihm seine ganze
schöne Wohlstands-Theologie der letzten rund 400 Jahre:

- Der Tempel, der Sitz Gottes auf Erden, mit samt der
  Hauptstadt Jerusalem: zerstört.
- Das heilige Land, die große Verheißung Gottes seit der Zeit
  der Erzväter: vom Feind verwüstet.

- Der König, Nachfolger auf dem ewigen Thron Davids: mit der ganzen Oberschicht in Babylon im Exil.

Dass dem Nordreich, dem Bruderstaat, das passiert war: o.k. Das falsche System. Aber einem selbst? Dem Ort und Hort des einen heiligen Gottes?

Der interreligiöse Dialog war damals etwas schlichter angelegt als heute: Wer gewann, hatte den stärkeren Gott. Das Volk Israel hatte verloren. Und was war nun mit ihrem Gott? Dieser eigenartige Gott ohne Bild und mit unsagbarem Namen? Das Exil Israels war die radikale Krise Gottes.

In dieser Zeit steht ein Unbekannter auf. Ein echter Anonymus. Von ihm wissen wir eigentlich nichts, gar nichts: War er allein oder Teil einer Gruppe? Ein Prophet, Priester, Poet? Vielleicht am ehesten ein Pirat: ein Freibeuter des Heiligen Geistes, der gedanklich bis ans Ende geht – und ein gutes Stück darüber hinaus. In der Forschung nennt man ihn später Deuterojesaja – ein Name, den sich auch nur Theologen ausdenken können. Er steht auf, bricht mit der gesamten kaputten theologischen Tradition und fängt in seiner Rede von Gott noch einmal ganz neu an.

Dazu verhöhnt er erst einmal die vermeintlichen Siegesgötter, die Götzen der Herrschenden, die Mächte der Krise, indem er mit spitzer Feder den menschlichen, allzu-menschlichen Produktionsprozess dieser Götter karikiert. Killing idols.

„Einer will dem andern helfen und spricht zu seinem Nächsten: ‚Steh fest!' Der Meister nimmt den Goldschmied fest an die Hand, und sie machen mit dem

Hammer das Blech glatt auf dem Amboss und sprechen: ‚Das wird fein stehen!' und machen's fest mit Nägeln, dass es nicht wackeln soll." (Jes 41,6f.)

Doch was der Mensch stützt und festmacht, das kann ihm selbst keinen Halt geben. So einfach ist das.

„Der Zimmermann verbrennt die eine Hälfte im Feuer, auf ihr brät er Fleisch und wärmt sich auch. Aber die andere Hälfte macht er zum Gott, dass es sein Götze sei, vor dem er niederfällt und betet und spricht: Errette mich, denn du bist mein Gott!" (Jes 44,16f.)

Was der Mensch mit Feuer entfacht, das kann seine Seele nicht hell machen.

„Wer Asche hütet, den hat sein Herz getäuscht. [...] Ist das nicht Trug, woran unsere Rechte sich hält?" (Jes 44,20)

Und weil die Götzen theologisch nicht satisfaktionsfähig sind, fordert er an ihrer Stelle die Völker zum Rechtsstreit mit Gott heraus. Mit ihnen streitet er, wer denn nun die Macht auf Erden hat: der Gott Israels, der Schöpfer des Himmels und der Erde, oder die herrschende Siegermacht, die politisch gerade das Sagen hat. Und er wagt dabei einen Blick tief hinein in die dunkle Seite Gottes:

„Ich bin der HERR, und sonst keiner mehr, der ich das Licht mache und schaffe die Finsternis, der ich Frieden gebe und schaffe Unheil. Ich bin der HERR, der dies alles tut." (Jes 45,6f.)

Gott ist es, so der unbekannte Prophet, der allein in die Krise führt und aus ihr heraus. Er schafft Licht – und Finsternis. Das ist die dunkle Kehrseite seines unbedingten Zuspruchs: Gott kann retten aus Not, Tod, Elend, eben, weil auch das Unheil letztlich von ihm ist. Eine Aussage, die Philosoph/innen und Theolog/innen als Frage nach der Rechtfertigung Gottes (Theodizee) seitdem immer weiter beschäftigt hat: Hier, mitten in der radikalen Krise des Volkes Israels, hat sie eine zutiefst tröstende Funktion.

Und das eigene Volk ruft er zum Zeugen an, als einen blinden und tauben Zeugen. Einen Zeugen, der nichts begriffen hat von dem, was Gott getan hat. Aber Gott wird ein Neues tun, so dass man an das Alte nicht mehr denken wird. Er wird sein Volk neu aus der Sklaverei führen, eine neue Schöpfung machen, einen neuen ewigen Bund des Friedens eingehen.

Er beginnt regelrecht zu singen – von einer Revolution Gottes, die alle Unterdrückung und alles Leid beendet, einem Heil, das die ganze Schöpfung erfasst: Die Wüsten werden zu grünen Wiesen, die Berge jubeln und klatschen in die Hände, die Hügel werden erniedrigt und die Täler erhöht. Himmel und Erde setzt Gott in Bewegung, damit sein Volk auf heilsamer Bahn dahinzieht. In immer neuen Bilder erzählt er von Gottes Trost für sein verängstigtes Volk, einem Trost, den nichts, wirklich nichts aufzuhalten vermag.

Und er fängt an, auf ganz eigentümliche Art von einem Knecht Gottes zu erzählen. Einem Auserwählten und Ausgestoßenen, von einem, der das geknickte Rohr nicht zerbrechen und den glimmenden Docht nicht auslöschen wird, der seinen Rücken hinhält, das Leiden trägt, bis er selbst das Licht der Heiden und das Heil der Welt sein wird.

Er singt sich theologisch wahrhaft um Kopf und Kragen. Lehnt sich mit einer Hoffnung aus dem Fenster, die weit, weit über alles hinausgeht, was für die Menschen in der Zeit überhaupt erfahrbar und vorstellbar ist. Und genau darin ist die Krisentheologie dieses Anonymus im tiefsten Sinne adventlich. Sie ist Wegbereiterin des fremden, heilsamen Gottes mitten in der Wüste.

> „Denn meine Gedanken sind nicht eure Gedanken, und eure Wege sind nicht meine Wege, spricht der HERR,
>
> sondern so viel der Himmel höher ist als die Erde, so sind auch meine Wege höher als eure Wege und meine Gedanken als eure Gedanken. Denn gleichwie der Regen und Schnee vom Himmel fällt und nicht wieder dahin zurückkehrt, sondern feuchtet die Erde und macht sie fruchtbar und lässt wachsen, dass sie gibt Samen, zu säen, und Brot, zu essen, so soll das Wort, das aus meinem Munde geht, auch sein: Es wird nicht wieder leer zu mir zurückkommen, sondern wird tun, was mir gefällt, und ihm wird gelingen, wozu ich es sende. Denn ihr sollt in Freuden ausziehen und im Frieden geleitet werden. Berge und Hügel sollen vor euch her frohlocken mit Jauchzen und alle Bäume auf dem Felde in die Hände klatschen." (Jes 55,8–12)

Darum geht es geistlich im Advent:

In der Wüste, mitten in Zeiten der Krise einen Weg zu bereiten, sich theologisch um Kopf und Kragen zu singen, im Vertrauen darauf, dass Gott einmal alles Leid, Unrecht und Gewalt verwandeln wird, bis die Berge vor Freude hüpfen und die Bäume in die Hände klatschen werden.

5 . Gedanken zum Danken

Liebe Leserin, lieber Leser, was ich Ihnen schon immer einmal sagen wollte: DANKE.

- Danke, dass Sie mich z.T. seit langer Zeit bei meinen theologischen Denkversuchen begleitet haben.
- Danke für Ihre klugen, ermutigenden und mitunter auch kritischen Rückmeldungen.
- Danke für den sehr persönlichen Gedanken-Austausch, der oft im Stillen stattfand.
- Und für Ihre Offenheit, mit der Sie sich auf dieses geistliche Begegnungs-Experiment eingelassen haben.
DANKE!

Wir steuern ja jetzt auf Weihnachten zu und damit auf die alljährliche Hoch-Zeit des Schenkens – und des Dankens. Nach Krawatten, Büchern, Weinflaschen, Socken, Spielen, Handys, Gutscheinen, Parfums, Pralinen wird es kommen, muss es kommen: „Danke!" Ansonsten ist ordentlich was schiefgelaufen. Auch in den obligatorischen Weihnachtsbriefen wird davon wieder reichlich und in Fülle die Rede sein: der Dank für meine Treue und mein Vertrauen von der Sparkasse, für die gute Zusammenarbeit von meinen Geschäftspartnern, für den Einsatz und die persönlichen Begegnungen vom Vorsitzenden des Sport-Vereins. Ein omnipräsentes, geradezu inflationäres Danken, als gäbe es kein Morgen. Ein bisschen so wie am Ende bei den Oskar-Preis-Verleihungen. Vielleicht wäre es ja nicht dumm, die Sache etwas zu strecken. Quasi eine anti-zyklische Dank-Anlage-Strategie. Alles hat seine kreative Un-Zeit: Danken Sie einmal im Februar oder Juli oder Oktober!

„Immer das schöne Händchen geben!", „Bitte heißt das Zauberwort!" und „Hast Du auch Danke gesagt?" Danken gehört dabei zu den drei Primär-Konditionierungen frühkindlicher Erziehung. Oder in der prägnanten Kurzfassung des Bravseins vom kleinen Raben Socke: „Das kann ich mir merken: *Immer* ,bitte – danke' und *nicht immer* hauen. Bis zum nächsten Mal. Bitte-danke und tschüs."[11] Zumindest verbal möchten wir nichts schuldig bleiben. Die Sorge, wir könnten irgendjemanden auf der langen Liste vergessen. Danke sagen gehört zum kulturellen Tauschhandel: „Du gibst – ich danke – wir sind quitt. Und dann beim nächsten Mal andersherum." Ein „Do, ut Danke". Die Dankespflicht als Akt kultureller Höflichkeit.

„Mein erst Gefühl sei Preis und Dank." (EG 451) Ist Danken auch ein Akt frommer Höflichkeit? Ein religiöser Tauschhandel mit dem Höchsten? Immer „Bitte-Danke-Amen"?

Eine Geschichte (Lk 17, 11ff.):
> „Und es begab sich, als Jesus nach Jerusalem wanderte, dass er durch Samarien und Galiläa hinzog. Und als er in ein Dorf kam, begegneten ihm zehn aussätzige Männer; die standen von ferne und erhoben ihre Stimme

und sprachen: ‚Jesus, lieber Meister, erbarme dich unser!' Und als er sie sah, sprach er zu ihnen: ‚Geht hin und zeigt euch den Priestern!' Und es geschah, als sie hingingen, da wurden sie rein. Einer aber unter ihnen, als er sah, dass er gesund geworden war, kehrte er um und pries Gott mit lauter Stimme und fiel nieder auf sein Angesicht zu Jesu Füßen und dankte ihm. Und das war ein Samariter. Jesus aber antwortete und sprach: ‚Sind nicht die zehn rein geworden? Wo sind aber die neun? Hat sich sonst keiner gefunden, der wieder umkehrte, um Gott die Ehre zu geben, als nur dieser Fremde?' Und er sprach zu ihm: ‚Steh auf, geh hin; dein Glaube hat dir geholfen.'"

Das ist etwas Eigenartiges bei den vielen Wundern Jesu, von denen die Bibel erzählt. Die Menschen tun danach alles Mögliche: Sie freuen sich, staunen, sind entsetzt; sie loben Gott oder folgen Jesus nach; sie essen, nehmen ihr Bett und gehen heim; sie tun wirklich alles Erdenkliche. Doch nur hier, dieses eine einzige Mal wird davon berichtet, dass ein Mensch Jesus dankt. Auf dem langen Weg hin zum Kreuz, den Lukas über zehn Kapitel hinweg lang und ausführlich schildert, kommt nur hier einer zu Jesus, der ihm dankt und ihm etwas zurückgibt.

Und wie er das macht, passt überhaupt nicht in das fromme Tausch-Schema von „Bitte- Danke-Amen".

Zunächst einmal ist sein Danken ein *Akt religiösen Ungehorsams*. Er tut gerade nicht das, was Jesus sagt. Er geht nicht hin zum Priester. Er hält sich nicht an die kultischen Reinheits-Gebote. Sein Danken ist keine Pflicht, kein religiöser Gehorsam, kein höflicher Anstand, sondern ein Akt der Freiheit. Ein Vollzug tiefster, existentieller Freiheit, selbst gegenüber Gottes Wort.

Sodann ist sein Danken ein *Akt der Nonkonformität*: Neun gehen weiter, einer geht danken. Man muss sich diese Szene bildlich vorstellen. Mitten auf dem gemeinsamen Rückweg der Geheilten bleibt er auf einmal alleine stehen, dreht sich um, geht zurück. Es ist wohl kein Zufall, dass er ein Fremder ist. Danken als ein fremdes, ungewohntes Tun – gegen den Lauf der Welt.

Und schließlich ist sein Danken ein *Akt der Anmut und Grazie*. Er trägt den Glanz seiner reinen Haut zu Jesus zurück. Er zeigt sich in seiner Schönheit, mit seinem im wahrsten Wortsinne „be-gnadeten Körper". Und lässt so etwas von dem Wunder, der Gnade aufleuchten, die ihm widerfahren ist. Im Lateinischen gibt es einen schönen Ausdruck für Danken: „gratiam referre". Die Gnade, die Grazie zurückbringen.

Danken – das heißt: Auch, wenn alle anderen weitergehen, die Freiheit haben, stehen zu bleiben, sich umzudrehen und den Glanz der Gnade in die Welt zurückzubringen.

Glaube lässt sich so, in Abwandlung eines Begriffs von Schleiermacher, als Gefühl letzthinniger Dankbarkeit verstehen. Als die „wider-sinnige" Gewissheit, unendlich reich beschenkt zu sein. Als das aberwitzige Vertrauen, dass es für alle reicht und es am Ende gut ausgehen wird. Als das Geschenk, die Welt, meinen Mitmenschen, mich selbst mit anderen Augen zu sehen.

„Mein erst Gefühl sei Preis und Dank." Es ist gut mit solch einem Dank-Gefühl in den Tag, in die Woche, ins Leben zu gehen. Nicht, weil Gott es bräuchte, dass wir ihm danken. Seine

Sonne geht über Bösen wie Guten auf. Er rettet, schützt, bewahrt die Welt auch so und führt sie zu einem guten Ziel.

Sondern weil wir selbst es brauchen. Danken heißt, dass ich mich selbst als Beschenkten begreifen lerne.

Und weil die Welt es braucht. Dass wir als Zehnte stehen bleiben, uns umdrehen und den Glanz, die Grazie, die Schönheit der Gnade Gottes in die Welt zurückbringen.

In diesem Sinne: Danke!

Und ein gesegnetes Weihnachtsfest!

6. Unsere Mönchsgrasmücke hat eine Meise

Vor dem Fenster unserer ältesten Tochter singt jeden Morgen ein Vogel. Das ist an sich noch nicht verwunderlich. Aber dieser Vogel tut es mitten im kalten Winter. Er zwitschert, schmettert, tiriliert aus voller Vogelkehle, als wäre er im Wonnemonat Mai. Meine Frau, die sich mit ornithologischen Fragen besser als ich auskennt, vermutet, dass es eine Mönchsgrasmücke sein könnte. „Die singen, als wären sie ,ganz Große', mindestens eine Amsel, dabei sind sie nicht größer als eine Blaumeise." Leider bekommen wir unseren Vorgarten-Caruso nie zu Gesicht, da ihn – oder sie – das Hochziehen des Rollos verschreckt.

Auf der Homepage des NABU gibt es einen instruktiven Wintervogel-Steckbrief zur sylvia atricapilla, so sein wissenschaftlicher Name.[12] Die Bezeichnung spielt auf ihr äußeres Erkennungszeichen an: die Grasmücke (sylvia) mit dem „Schwarzköpfchen" (atricapilla), was eben einer Mönchskappe ähnele. Bei den Weibchen und Jungvögeln ist das Köpfchen rotbraun, bei den Männchen schwarz. In Österreich und Bayern heißt sie daher auch „Schwarzplattl".

Und wie bei vielen Dingen im Leben: Je länger ich mich mit dem kleinen Zweigsänger beschäftige, desto faszinierender finde ich ihn. Er singt je nach Region gleichsam in verschiedenen Dialekten. Dabei ahmt er verschiedene andere Vögel und Alltagsgeräusche nach: Motoren, Radiomusik, Klingeltöne vom Smartphone. Ob das Ganze wirklich nur der Balz dient, ist unklar, zumal auch Weibchen singen und eben nicht nur zur Paarungszeit.

Aber was will uns unsere Mönchsgrasmücke nun eigentlich mit ihrem eigenartigen winterlichen Gesang sagen?

Möglicherweise ist es ja ein ornithologisches Protestlied gegen den Klima-Wandel: also mehr Bob Dylan als Caruso. Auch wenn die Mönchsgrasmücke selbst wegen ihrer Anpassungsfähigkeit wohl eher zu den Krisengewinnerinnen des menschengemachten Klimawandels gehört. Einige von ihnen überwintern nicht im Süden, sondern auf den britischen Inseln und können wegen der milderen Winter immer früher zurückkehren bzw. ganz hierbleiben. Ihr unzeitgemäßer Gesang wäre so eine Mahnung, lauthalser Protest gegen die menschen-gemachte Veränderung der Natur im Anthropozän.

Vielleicht macht sie sich als „Migrantin der Lüfte" auch über den Brexit lustig: „Was ist eigentlich genau euer Problem mit uns Migrant/innen aus Osteuropa?" Ich möchte nicht wissen, was die Mönchsgrasmücken von uns Menschen denken würden, wenn sie tatsächlich verstünden, was politisch in Europa die letzten Jahre abläuft. Die Spottdrossel lässt herzlich grüßen.

Oder aber ihr winterlich schöner Gesang spiegelt etwas von dem, was Paulus als „Seufzen" und „ängstliches Harren der Kreatur" beschreibt, die darauf hofft, dass die Kinder Gottes offenbar werden (Röm 8,18–22). Nur, dass wir Menschen hier eher Grund der Klage an den Schöpfer wären als Anlass zur Hoffnung.

Manche Texte der Bibel gewinnen in bestimmten Zeiten einen neuen Sinn. Dazu gehört für mich gegenwärtig die Verheißung des Tierfriedens. Es ist, wie ich finde, eines der schönsten Hoffnungsbilder der kommenden Welt:

„Da wird der Wolf beim Lamm wohnen und der Panther beim Böcklein lagern. Kalb und Löwe werden miteinander grasen, und ein kleiner Knabe wird sie leiten. Kuh und Bärin werden zusammen weiden, ihre Jungen beieinanderliegen, und der Löwe wird Stroh fressen wie das Rind. Und ein Säugling wird spielen am Loch der Otter, und ein kleines Kind wird seine Hand ausstrecken zur Höhle der Natter."
(Jes 11,6–8)

Es ist gut, wenn wir neben den weit verbreiteten Untergangsszenarien positive Zukunftsbilder haben. Hoffnungsbilder, die uns als Menschen – gleich welcher Generation und Herkunft – kritisch an unsere besondere Stellung und unseren Auftrag zur Bewahrung von Gottes Schöpfung erinnern. Auch wenn wir als Menschen diesen endzeitlichen Tierfrieden aus unserer Kraft niemals selber erreichen können, wäre es gut, wenn wir Gott dabei zumindest mehr Hilfe als Hindernis sind. Und wenn wir versuchen, möglichst viele Schöpfungsarten zu erhalten, mit denen solch ein Frieden einmal erfahren werden kann.

Was auch immer unsere winterlich singende Mönchsgrasmücke nun singen mag, ich höre daraus die kritische Frage: „Wer hat hier eigentlich eine Meise?"

Tierfriede

Die Alten hatten einst die Hoffnung,
dass ihre Kindeskinder einmal ohne Furcht mit
Bärin, Löwen und Natter spielen können.
Heute müssen wir die Hoffnung wahren,
dass unsere Kindeskinder einmal
Bärin, Löwen und Natter erleben werden.
Am Ende bleiben sonst nur
Chicken Wings, Kätzchen, Ratten und Schaben.
Der Friede mit den Tieren ist allzu oft
zum Totenfrieden geworden.
R.I.P.: 1 Millionen Arten
in den nächsten Jahrzehnten.
Das war anders gedacht.
Vielleicht ist es weniger am Löwen,
mehr an uns, das Verhalten zu ändern.

7. MORGENERST
UND MORGENLETZT

Der Morgen hat es in sich. Er ist – je nachdem – die Zeit von Appell oder Andacht, Frische oder Frost, Dämmerung oder Duft, Röte oder Grau, Kaffee oder Tee, Melken oder Muffeln, Liebe oder Leid, Sonne oder Stern. Entsprechend wird er von verschiedenen menschlichen Chronotypen[13] („Eulen" und „Lerchen") sehr unterschiedlich erlebt.

Nach manchen Zeitvorstellungen ist er die Mitte zwischen zwei Mitten: Die Tageszeit zwischen „Mitter-Nacht" und „Mit-Tag". In anderen endet mit ihm die Nacht und beginnt der neue Tag: die Stunde von Sonnenaufgang und Hahnenschrei, vom Ende des nächtlichen Liebesabenteuers und Beginn der aufziehenden Schlacht. „Morgen für Morgen kommt man zur Welt." (Eugène Ionesco)[14] Man rechnet zu ihm klassischer Weise die drei Stunden ab der Dämmerung, dann beginnt der Vormittag. Bei Student/innen und Nachtarbeitenden entsprechend später. In wieder anderen Zeitkonzepten vollendet sich mit ihm der Tag: „Da ward aus Abend und Morgen der erste Tag." (1. Mose 1,5)

Der Morgen ist (durch die Ausstrahlung der Nacht) die kälteste Zeit des Tages – mit Tau, Reif, Frost und Nebel. Die Zeit von Katern und brummenden Köpfen wie von klaren Gedanken und druckfrischen, neuen Nachrichten, die vielen Zeitungen ihren Namen gegeben hat.

Der Morgen sind die Stunden mit besonderer Vergangenheit (der „Morgen danach") und mit besonderer Zukunft. Eine Zeit voller Möglichkeit, Potentialität und Offenheit, weshalb aus dem „Morgen des folgenden Tages" die Zeitangabe „morgen" wurde. Inbegriff für Zukunft, Frische und Jugend.

Dass die ewige „Morgenfrische" für den Menschen auf Dauer kaum auszuhalten ist, kommt tiefgründig in einer Geschichte aus der antiken Mythologie zum Ausdruck. In ihr ist die Morgenzeit personalisiert in der Göttin Eos (lat. Aurora), Schwester des Sonnengottes Helios (lat. Sol) und der Mondgöttin Selene (lat. Luna). Sie fährt ihrem Bruder Helios voraus mit einem Gespann aus den beiden Pferden Phaeton („Schimmer") und Lampos („Glanz"): anmutig, schön gelockt, in einem safrangelben Kleid. Eos verliebt sich in den trojanischen Prinzen Tithonos, entführt und heiratet ihn und bittet den widerstrebenden Zeus für ihn um Unsterblichkeit – vergisst aber leider, ihn zugleich um ewige Jugend zu bitten. So schrumpelt Tithonos, ewig alternd, immer weiter in sich zusammen, bis nur noch seine schrille Stimme übrigbleibt und Zeus ihn aus Mitleid in eine Zikade verwandelt, welche die Morgenröte fortan begleitet. Den Tod ihres gemeinsamen Sohnes Memnon beweint Eos dauerhaft, weswegen morgens ihre Tränen als Tau vom Himmel fallen.

In Sprichwörtern ist die Anfangszeit des Tages vielfach durch ökonomischen Wettbewerb und Arbeitsmoral vereinnahmt worden. Es geht ums Fressen und Gefressen-Werden (früher Vogel fängt Wurm), um das Wettrennen aller gegen alle im „Windhund"- oder Liegestuhl-Prinzip (wer zuerst kommt), um den Gewinn von Reichtum (Gold im Mund)[15]. Dazu passt es, dass aus der Zeiteinheit ein Flächenmaß wurde: ein Morgen als die Acker-Fläche, die man je nach Zeit und Region unterschiedlich mit einem einscharigen Ochsen- oder Pferde-Pflug an einem Vormittag durchschnittlich pflügen konnte (etwa 2.500 m²). Zugleich diente der Morgen früher als Bezeichnung für die östliche Himmelsrichtung: dorthin, wo die Sonne aufgeht, im Orient, im Morgenland.

Für den Glauben spielt der Morgen eine besondere Rolle. In den Morgengebeten und -liedern geht es um den Dank für die bewahrte, überstandene Nacht und die Bitte um Führung wie Behütung an dem neuen Tag. Und es geht um die Kunst, trotz tagtäglicher Gewöhnung das Wunder der Schöpfung neu zu sehen: „Morning has broken like the first morning."[16] Die Tatsache, dass die Sonne jeden Morgen aufgeht, macht das Wunder nicht kleiner als „am ersten Tag", nur unser Blick für das Wunder ist sprichwörtlich vernebelt. Der Morgen ist zugleich die Zeit, an der die Frauen zum Grab aufbrechen und dem Auferstandenen begegnen. Deswegen sind christliche Kirchen in aller Regel mit dem Chorraum gen Osten ausgerichtet, von wo der Auferstandene wie die aufgehende Sonne erwartet wird. Auch in dieser Hinsicht ist der christliche Glaube zutiefst orientalisch. Ostern und Osten gehören zusammen: der Glaube als Morgenland.

Aus der Astronomie stammen die Begriffe des „Morgenerst" und „Morgenletzt". Sie bezeichnen den Tag, an dem ein Himmelskörper erst- oder letztmals „früher als die Sonne über dem Osthorizont aufgeht und freiäugig erkennbar ist, weil der Himmel noch nicht vom Sonnenlicht überstrahlt wird"[17] Dies kann ein Stern oder einer der fünf freiäugig zu erkennenden Planeten sein (in Bezug auf den Mond spricht man von „Altlicht" oder „Neulicht"). Ein schöner Gedanke, dass es Dinge gibt, die ich nur an diesem einen, speziellen Morgen zum ersten oder zum letzten Mal sehen kann. Und dass es eine spezielle Zeit gibt, in der sie noch nicht von anderen überstrahlt oder übertönt sind.

Es gibt Vögel, die man – pünktlich wie die „Vogeluhr" – morgens alleine singen hören kann. Ganz früh vor der Dämmerung etwa Feldlerche, Garten- oder Hausrotschwanz (90–60 min vorher), dann Kuckuck, Amsel oder Rotkelchen (60–45 min), wenn es schon heller wird Meisen, Zilpzalp, Stieglitz, Star oder Fink (35–5 min).

Zu den großen Morgenblühern gehören die Pracht- oder Prunkwinden. Im Englischen tragen sie den schönen Namen „Morning glory". Ihre großen Blüten – bei der Japanischen Kaiserwinde etwa bis zu 30 cm Durchmesser – blühen vormittags und zerfließen im Lauf des Tages. In der kurzen Zeit ihres Blühens verändern sie fortschreitend ihre Farbe.

Deshalb ist der Morgen auch eine besondere Zeit der Rituale, geistig, körperlich, seelisch:

- um nach dem Schlaf als kleinem Bruder des Todes wieder neu in das Leben zu finden,
- um im Trott des Alltags den Blick für die Wunder und die Einzigartigkeit dieses Tages zu weiten.
- um Raum zu schaffen für das Neue, die Abenteuer, die erhoffte Zukunft, die da kommen soll.

Es kann den Verlauf des eigenen Tages tiefgreifend verändern, wenn ich den Morgen als das begreife, was er seinem tiefsten Wesen nach ist: ein Wunder, das auch durch seine stete Wiederholung nichts von seinem faszinierenden Wesen verliert. Das Wunder, dass ich überhaupt bin und nicht „nicht bin". Das Wunder, dass ich mit den Menschen, die mir nahe sind, auch in dieser Nacht behütet worden bin und mich nicht über Nacht (wie Gregor Samsa) in einen Käfer verwandelt habe. Das Wunder, dass es die Welt, das Leben, die Menschen um mich herum „aufs Neue" gibt, für mich gibt.

Um dieses „Morgen-Wunder" vor lauter Alltagsmüdigkeiten nicht zu übersehen, ist es gut, sich darin zu üben, es immer wieder wahrzunehmen. Etwa durch ein stilles Gebet, einen Segen, ein Lied. Oder auch indem ich mich frage, was ich heute an diesem Morgen zum ersten Mal oder vielleicht zum letzten Mal sehen werde: Morgenerst und Morgenletzt.

Ich wünsche Ihnen einen wundervollen guten Morgen!

Morgenerst und Morgenletzt

Die erste Blüte des Tages pflücken
Dem Vogel dieser Stunde lauschen
Den letzten Kaffee gemeinsam trinken
Noch einmal die Wärme Deiner Hand
Tau auf Deiner Wange spüren
In den Zug gen Süden steigen
Alle Karten, Pläne zerreißen
Felder fremd vorbeiziehen lassen
Sehen, wie im Tal sich Nebel lichtet
Staunen, verlieren, vielleicht empfangen
Und leben, hoffentlich
Als wär's ein Gebet.

8 . Der liebe Gott, meine Oma und die Sache mit den sauren Trauben

Meine protestantische Arbeitsmoral habe ich von meiner katholischen Oma. Sie stammte wie mein Großvater aus Schlesien, dort besaßen sie einen Bauernhof. Sie war, so wurde mir später gesagt, ein begeistertes Mitglied im BDM. 1945, als „die Russen" kamen, musste meine Großmutter fliehen. Mein Vater war damals gerade mal ein halbes Jahr alt. Was sie als junge Frau auf der Flucht erlebt hat, weiß ich nicht. Darüber sprach meine Oma nicht, nicht mit uns.

In einem kleinen Dorf fingen meine Großeltern dann noch einmal bei null an. Als Flüchtlinge. Vertriebene. Meine Großmutter arbeitete, so viel sie konnte. Und das war sehr viel: Sie hatte eine Anstellung bei einem Arzt, war als Haushälterin in einer Metzgerei tätig, ging putzen, baute mit meinem Großvater zusammen ein eigenes Haus, bewirtschaftete einen eigenen kleinen Acker. Wenn wir am Samstagnachmittag zu den Großeltern fuhren, mussten wir meine Oma immer erst von der Arbeit abholen. Nach dem Kaffee-Trinken ging es dann oft noch zur katholischen Kirche. Dort war meine Oma als Küsterin tätig. Sie mähte zusammen mit uns das große Grundstück rund um die

Kirche, schmückte den Kirchenraum mit frischen Blumen, kehrte das Laub oder schob Schnee. Für uns drei Kinder war es verboten und deswegen umso reizvoller, das „ewige Licht" in der Kirche zu löschen. Nichts Irdisches brennt ewig. Später wurden wir alle protestantische Pfarrer/innen.

Immer, wenn ich die Geschichte von Maria und Marta (Lk 10,38–42) höre, denke ich an meine Oma. Ich glaube, wenn Jesus in ihr Dorf gekommen wäre, wäre er sicher zu Hause bei meiner Großmutter eingekehrt. Vielleicht auch in der von ihr sauber geputzten Kirche.

Leben hieß für meine Oma wie für viele ihrer Generation arbeiten. Als sie einen Herzinfarkt bekam und nicht mehr arbeiten konnte, stürzte sie in ein tiefes Loch. Sie hatte nie gelernt, etwas mit ihrer freien Zeit anzufangen. Ruhe, Muße, Freizeit, die Seele baumeln lassen – das waren für meine Großmutter wirkliche Fremdwörter. Die anderen Leute aus dem Dorf luden sie immer wieder ein, doch mal zu Besuch zu kommen, auf einen Tee oder Kaffee. Schließlich kannte meine Oma ja alle. Und selten, sehr, sehr selten konnte sie sich auch einmal dazu aufraffen. Sie hatte nie gelernt, zu anderen Leuten zu gehen, wenn es nichts zu arbeiten gab.

Es wäre schön gewesen, wenn Jesus sie zu Hause besucht hätte. Ich hoffe nur, er hätte meiner Oma dann etwas anders zu sagen gehabt als der Priester an ihren Geburtstagen. Und auch als das, was Jesus damals zu Marta gesagt hat: „Marta, Marta, du hast viel Sorge und Mühe. Eins aber ist not. Maria hat das gute Teil erwählt; das soll nicht von ihr genommen werden."

Für Frauen wie meine Oma und die Marta aus der Bibel haben ich später einmal den Ausdruck „Kruschfrauen" gehört: Frauen, die durch ihre Zeit, ihr Umfeld, ihr Leben so geprägt wurden, dass sie immer „herum-kruschen", immer irgendetwas zu tun haben mussten. „Müßiggang ist aller Laster Anfang." „Sich regen bringt Segen." „Nutze die Jahre, lerne und spare." Und arbeite.

Sich dagegen so zu verhalten wie Maria und einfach nur den Geschichten zu lauschen, galt wie vieles andere als Zeitverschwendung, Herumschlunzen, Tagträumerei. Der sonntägliche Gottesdienst ging in Ordnung, schließlich galt es da, etwas fürs ewige Seelen-Heil zu tun. Aber alles andere war unnötiger Luxus. Man war ja schließlich nicht die Königin von Saba. Wenn so etwas in biblischen Geschichten dann noch als vorbildlich dargestellt wird, war das sicher anstößig für Frauen wie Marta und meine Oma. Kognitive Dissonanzen, die aber im gottesdienstlichen Rauschen schnell untergehen.

In dem Roman „Im Frühling sterben" erzählt der Autor Ralf Rothmann die Erfahrung des 17–jährigen Melkerlehrlings Walter Urban.[18] Gemeinsam mit seinem Freund Friedrich Caroli (alias „Fiete") wird er noch im Februar 1945 zur Mitgliedschaft in der Waffen-SS zwangsrekrutiert und als frisches Kanonenfutter in den bereits verlorenen Krieg geschickt. Die Geschichte wird erzählt aus der Perspektive des späteren Sohnes, der als Rahmenhandlung – ebenso wie sein Vater Walter während des Krieges – vergeblich nach dem Grab seines Vaters sucht. Der Roman handelt vom Dilemma von Schuld und Unschuld. Der junge Walter Urban versucht wiederholt, sich gegen die vielfältigen Gräueltaten der SS und Wehrmacht zu stellen. Am Ende wird er selbst einen einzigen Schuss auf einen Menschen abgegeben haben: auf seinen Freund Fiete, der wegen Fahnenflucht hingerichtet wird. Bei einem letzten Gespräch in dessen Zelle kurz zuvor erzählt ihm Fiete, wie sich die Erfahrungen seines eigenen Vaters aus dem ersten Weltkrieg auf ihn übertragen hätten:

> „Und einmal, als ich meine Träume erwähnte, sagte er mir, dass es ein Gedächtnis der Zellen in unserem Körper gibt, auch der Samen- und Eizellen also, und das wird vererbt. Seelisch oder körperlich verwundet zu werden, macht was mit den Nachkommen. Die Kränkungen, die Schläge oder die Kugeln, die dich treffen, verletzen auch deine ungeborenen Kinder, sozusagen. Und später, wie liebevoll behütet sie auch heranwachsen mögen, haben sie panische Angst davor, gekränkt, geschlagen oder erschossen zu werden. Jedenfalls im Unterbewusstsein, in den Träumen. Eigentlich logisch, oder?"

Doch das gleiche – so die Pointe des weiteren Gesprächs wie des Romans insgesamt – betrifft eben auch die Täter, diejenigen, die andere kränken, schlagen oder erschießen.

> „'Und was ist', fragte er [Walter Urban, TL] tonlos und räusperte sich, um zu seiner Stimme zu kommen, ,was ist mit dem, der schießen muss? Was vererbt der?' [...] Im Schein der hochfahrenden Flamme sah sein Gesicht momentlang wie früher aus [...] und er lächelte matt und sagte: ,Woher soll ich das wissen, Häuptling. Wahrscheinlich eine große Traurigkeit ...'".

Als Eingangszitat ist dem Roman ein biblischer Vers vorangestellt: „Die Väter haben saure Trauben gegessen, aber den Kindern sind die Zähne davon stumpf geworden." (Ez 18,2).

Das Ezechielbuch mit seinen Träumen, Visionen und Bildern ist selbst ein Versuch, mit den traumatischen Erfahrungen des Exils umzugehen – eine Art prophetischer „Trauma-Literatur" (so Ruth Poser)[19]. Der in dem Buch zitierte Satz mit den sauren Trauben ist dabei ein bereits von Ezechiel aufgegriffenes Sprichwort, dem der Prophet aber im Auftrag Gottes leidenschaftlich widerspricht – zumindest was die individuelle Schuld-Verantwortung vor Gott betrifft: Jeder sei nur für sein eigenes Tun und Lassen vor Gott verantwortlich. Individuelle Verantwortung und Vergeltung – darauf zielt die Argumentation Ezechiels in dem ganzen 18. Kapitel. Doch das Buch selbst zeigt eben, wie tief die Folgen der Schuld- und Leidensgeschichte auch in der zweiten Exilsgeneration sitzen, auch wenn sie dafür vor Gott nicht verantwortlich sind. Die eigentliche Verarbeitung geschieht in der Gegen-Erzählung, in den Träumen, in der Entfaltung von geistlichen Hoffnungsbildern.

Ich glaube, dass wir uns selbst, unsere Art zu leben, zu glauben und zu arbeiten, unsere Traurigkeiten und unsere Träume, unsere Sehnsucht nach Heimat und unsere Ängste nicht verstehen, wenn wir nicht unsere Großeltern und so auch unsere Eltern verstehen. Wenn wir nicht verstehen, was unsere Großeltern an unsere Eltern und sie an uns weitergegeben haben: sei es durch Erziehung, sei es durch ihr Vorbild, sei es durch die epigenetische Veränderung ihrer „traumatisierten Gene". Wir brauchen Gegen-Erzählungen, andere Träume, geistliche Hoffnungsbilder – auch für die Generation unserer Eltern und Großeltern.

Dann könnte eben auch der Satz Jesu an Marta und an Frauen wie meine Oma einen neuen, ganz anderen Klang bekommen.

Es ginge dann eben nicht um das Gegenüber einer höherwertigen „vita comtemplativa" hier und einer nachgeordneten „vita activa" dort. Sondern es ginge um das Durchbrechen eines Zwangs zur Re-Inszenierung von Traumata – für sich selbst und die kommenden Generationen: durch Zur-Ruhe-Kommen, durch Erzählen und Zuhören, durch die heilende Begegnung mit dem einen Anderen:

„Marta, es ist gut. Du kannst zur Ruhe kommen. Du brauchst nicht mehr zu fliehen. Weder vor dem, was Dir vielleicht angetan wurde. Noch vor dem, was Du vielleicht anderen angetan hast. Du bist zu Hause. Du kannst Dich hinsetzen, sitzen bleiben, einfach nur da sein. Du kannst erzählen und zuhören. Und in den Geschichten zu Dir selber kommen. Du musst Dich nicht mehr sorgen, mühen, arbeiten. Du kannst heil werden, damit es Deine Kinder und Enkel vielleicht einmal anders machen. Heil werden in der Begegnung mit der einen, all-umfassenden, schöpferischen Liebe Gottes, die Schuld in Vergebung verwandelt, Vertreibung in Heimat, Leid in neues Leben."

9. Mit dem Sterbenden leben

Jesu letzte Worte als Wegweiser für die Begleitung Sterbender

Zu einer der größten Errungenschaften unserer Gesellschaft in den letzten fünfzig Jahren gehört m.E. die Entwicklung der Hospizbewegung und der damit verbundenen Palliativarbeit. Gerade angesichts der obsessiven Inbrunst, mit der manche Zeitgenossen immer wieder vom „Untergang des christlichen Abendlandes" reden, tut es gut, an „Gelingensgeschichten" wie diese zu erinnern. Sie wurde angestoßen durch die Pionierarbeit von Menschen wie der englischen Krankenschwester und Ärztin Cicely Saunders, Gründerin des St. Christopher's Hospice als erstem modernen Hospiz, London (1967)[20], oder den frühen, noch nicht esoterischen Schriften der schweizerisch-US-amerikanischen Psychiaterin und Sterbeforscherin Elisabeth Kübler-Ross[21]. Den sterbenden Menschen und seine Angehörigen nicht alleine zu lassen, der gesellschaftlichen Tabuisierung von Tod und Sterben entgegenzuwirken und einer unnötigen Verlängerung des Lebens durch maschinelle Medizin ebenso zu widersprechen wie dessen Verkürzung in Folge eines Rufes nach „aktiver Sterbehilfe" (Tötung auf Verlangen) – all das gehört zu den großen Leistungen der Hospizbewegung. Neben anderen Institutionen waren und sind die Arnoldshainer Hospiztage, die im

Jahr 2020 zum dreißigsten Mal begangen wurden, eine wichtige Größe für die Stärkung und Etablierung der Hospizbewegung in Deutschland und speziell in Hessen.

Ein wichtiger Impuls von Cicely Saunders ist es, das Leiden von sterbenden Menschen (und ihren Angehörigen) umfassend in den Blick zu nehmen („concept of total pain"): neben dem körperlichen Schmerz eben auch sein oder ihr psychisches, soziales und spirituelles Leiden (physical, psychological, social and spiritual pain)[22]. Zum geistlichen, spirituellen Leiden gehören dabei nach Saunders etwa der Zorn auf das Schicksal oder Gott, die Suche nach Sinn, der drohende Verlust des Glaubens, die Angst vor dem Unbekannten. Deshalb spielen der Glaube des Sterbenden wie derjenige der ihn begleitenden Menschen eine so große Rolle.

Im Zentrum des christlichen Glaubens steht das Kreuz Jesu Christi. Die Erfahrungen aus der Hospizbewegung haben neu sehen gelehrt, dass es im Kreuz Jesu Christi – vor aller theologischen Interpretation – zunächst und zu allererst um einen leidenden, sterbenden Menschen geht. Zugleich ist es aufschlussreich zu fragen, was die Erzählung von dem Leiden und Sterben Jesu für die Begleitung von sterbenden Menschen heute austrägt.

Damals auf Golgatha wie heute in der Hospizbewegung sind es vor allem Frauen, die den Sterbenden begleiten: „Maria Magdalena und Maria, die Mutter Jakobus des Kleinen und des Joses, und Salome [...] und viele andere Frauen, die mit ihm hinauf nach Jerusalem gegangen waren." (Mk 15,40f.) Ohne irgendwelche Gender-Stereotype zu pflegen, haben sie offensichtlich eine besondere (wohl auch sozial bedingte) Kompetenz, auch dort Leiden auszuhalten, wo „nichts mehr zu machen" ist.

Das Sterben Jesu wird in den vier Evangelien des Neuen Testaments auf markant verschiedene Weise geschildert. Das ist kein redaktionelles Versehen der biblischen Autoren oder Unachtsamkeit des Heiligen Geistes. Im Gegenteil. Es zeigt vielmehr, dass es sich hier um Erzählungen aus Glauben handelt, die gerade in ihrer Verschiedenheit und Vielschichtigkeit für sterbende Menschen heute hilfreich sein können. Es gibt kein universales Idealbild des sterbenden Christus, kein einfaches Schema, keine lineare Stufen-Folge der Sterbephasen. Was es gibt, sind vielmehr ganz unterschiedliche Erfahrungen von und mit Menschen in der letzten Phase ihres Lebens.

Bei Markus und Matthäus stirbt Christus mit dem alttestamentlichen Schrei der Gott-Verlassenheit auf den Lippen: *„Mein Gott, mein Gott, warum hast du mich verlassen?"* (Mk 15,34; Mt 27,46) – ein Zitat von Psalm 22,2. Und es kann hilfreich sein für die Begleitung eines sterbenden Angehörigen wie für den Umgang mit dem eigenen Tod, dies zuzulassen: die eigene gefühlte Gottesferne, die Anklage, das Ringen mit der dunklen Seite Gottes. Mit dem „lieben Gott" allein kommt man im Angesicht des Todes nicht weit. Jesus Christus stirbt in dieser Erzählung verzweifelt, klagend, ohne Gott zu spüren. Das sollte uns davor bewahren, gewisser, religiöser, „recht-gläubiger" sein zu wollen, als es gut ist.

Es braucht Kraft, Mut und eine Tiefe der Verzweiflung, Gott so anzuklagen – und dies bei einem anderen Menschen auszuhalten. Gerade deshalb ist es wichtig, Christus hier an der Seite der Leidenden zu wissen. Psalm 22, der als eine Vorlage für die

Schilderung der Passion Christi dient (das Teilen bzw. Verlosen der Kleider, der Spott der Anderen, das Dürsten, das Durchbohren der Hände und Füße), ist damit aber noch nicht zu Ende. Am Ende wird der Beter Gott für seine Hilfe loben. Und auch nach seinem Tod wird es mit Jesus Christus weitergehen. Doch wir sollten uns sehr davor hüten, bei uns selbst und erst recht im Umgang mit dem Leiden anderer frommer sein zu wollen als Christus und den zweiten Schritt immer schon vor dem ersten zu tun.

Deutlich anders pointiert ist die Schilderung des Todes Jesu Christi bei Lukas. Auch hier stirbt Jesus am Ende mit einem Psalm-Wort auf den Lippen (Ps 31,5), doch diesmal als Ausdruck unbedingter Gottergebenheit: *„Vater, ich befehle meinen Geist in deine Hände."* (Lk 23,46) Es ist ein großes Geschenk, wenn Menschen das eigene Leben, sich selbst oder auch einen geliebten Angehörigen so in Gottes Hand loslassen können. Sich selbst in Gottes Hand lassen können, ist eine schöne Beschreibung für das Geheimnis des Glaubens insgesamt. Vorher wird Christus bei Lukas aber selbst noch zum „sterbenden Sterbebegleiter" für einen der beiden Schächer, die mit ihm am Kreuz hingerichtet werden: *„Wahrlich, ich sage dir: Heute wirst du mit mir im Paradies sein."* (Lk 23,43)

Auch im Sterben hört Jesu Hingabe an den anderen, an den Menschen neben ihm nicht auf. Und beide Sätze Jesu Christi hängen eng miteinander zusammen: die Hin-Gabe an den Nächsten und das Sich-Ergeben in die Hände Gottes. In beiden ereignet sich das eine Wunder neuen Lebens, von sich selbst lassen zu können und ganz bestimmt zu werden von der Liebeswirklichkeit Gottes als eines Daseins für andere. Dies am Ende des Lebens bei einem geliebten Menschen oder bei sich selbst erfahren zu dürfen, lässt sich kaum anders beschreiben denn als Gnade.

Von allen Evangelien spricht Jesus am Ende seines Lebens am meisten bei Johannes. Vier Sätzen sind es, die er hier am Kreuz sagt. Das hängt damit zusammen, dass bei Johannes die Erniedrigung und Erhöhung Jesu, sein Leiden und sein Überwinden in besonderer, paradoxer Weise schon immer ineinander gedacht werden. Mit seinen ersten beiden Sätzen stiftet Jesus Christus kurz vor dem Ende des irdischen Zusammenlebens mit ihm neue Gemeinschaft: *„Frau, siehe, das ist dein Sohn."* *„Siehe, das ist deine Mutter."* (Joh 19, 26f.) Der Lieblingsjünger (wohl Johannes) und die Mutter (Maria) stehen dabei, so eine gängige Deutung, für das Verhältnis der johanneischen und der gesamtkirchlichen Gemeinde. Bedeutsam für die Begleitung Sterbender ist darin, wie hier dem „sozialen Tod", dem drohenden Bindungsverlust der verschiedenen Angehörigen untereinander, eine neue Beziehungswirklichkeit entgegengesetzt wird. Im Tod des Sohnes ereignet sich der Beginn neuer familiärer Beziehungen. Ein Gegenmodell zum klassischen „Streit der Erben" und zu dem mit jedem Tod drohenden Zerfall der Gemeinschaft der Hinterbliebenen. Die beiden nächsten Sätze spiegeln die tiefe Spannung, die im Sterben Jesu Christi wie im Sterben vieler Menschen angelegt ist. Einerseits der tiefe, ungestillte Durst nach Leben und die Verlust-Erfahrung, die angesichts des Todes damit einhergeht: *„Mich dürstet."* (Joh 19,28) Andererseits die Erfahrung der Erfüllung und Befreiung von der auferlegten Lebenslast: *„Es ist vollbracht."* (Joh 19,30) „Gemischte Gefühle", die höchst unterschiedlich zusammengesetzt sein können und sich in ihrem

Mischverhältnis immer wieder verändern können. Sie sind oftmals kennzeichnend für solch exzeptionelle Lebenserfahrungen, wie sie der Abschied von einem Menschen oder gar der eigene Tod darstellen.

Die höchst unterschiedlichen Erzählungen vom Sterben Jesu in den vier Evangelien: Sie folgen selbst auf verschiedene Weise alttestamentlichen Bildwelten und bieten selbst eine Hilfestellung, um mit den höchst spannungsvollen und widersprüchlichen Erfahrungen mit dem eigenen Tod und dem Sterben anderer umzugehen. Es geht in ihnen nicht um bloße „historische Tatsachenberichte", sondern um die Anleitung zu einer „ars moriendi et comitandi": um die Kunst, selbst getrost zu sterben, und die Kunst, andere in ihrer letzten Lebensphase mutig begleiten zu können. Dafür ist es gut, Christus an der eigenen Seite zu wissen: als Verzweifelten und Getrosten, als Gott-Verlorenen und In-Gott-Geborgenen, als Lebens-Durstigen und als Vollender – und als Stifter neuer Gemeinschaft und Liebeswirklichkeit über den Tod hinaus.

Wenn es soweit ist

Wenn es soweit ist, Gott,
bei anderen oder bei mir,
dann bewahre mich
vor billigem Trost und frommen Plattitüden,
vor der Flucht in heilige Belanglosigkeit.
Schenk mir den Mut der letzten Meter,
Deinem Licht wie Deiner Dunkelheit nicht auszuweichen,

mit Dir zu streiten,
bedingungslos
für die anderen und für mich,
wenn nötig, bis zum letzten Atemzug,
hoffend darauf,
dass Du selbst dabei an meiner Seite bist.

10. „HALBWAHRHEITEN"
SIND KOMPLETTER BLÖDSINN
Ein Impuls aus aktuellem Anlass (Mai 2020)

Im Internet wie bei vielen Demonstrationen kursiert seit der Corona-Zeit und vor allem in den Wochen nach dem Lockdown oft krudester Unsinn bis hin zu ausgewachsenen Verschwörungstheorien. Hier von „Halbwahrheiten" zu reden, ist nicht nur eine maßlose Untertreibung. Der Begriff ist schon in sich problematisch – ebenso wie die Rede von einem „postfaktischen Zeitalter", das es nicht gibt, weil Fakten nicht aufhören, Fakten zu sein, auch wenn man sie leugnet. Aber zu dem Begriff „Halbwahrheit": Wenn man sagt: „Die Erde ist eine Scheibe", dann ist daran natürlich richtig erkannt,

1. dass es eine Erde gibt,

2. dass sie eine bestimmte Form hat,

3. dass es auf Grund ihres großen Umfangs in unserer Alltagserfahrung so scheint, als wäre sie einfach flach.

Dennoch ist die Aussage nicht halb, sondern komplett unsinnig. Die Erde ist keine flache Scheibe, auch nicht halb flach. Das lässt sich auch mit bloßem Auge erkennen, wenn man ein davonfahrendes Schiff auf Grund der Erdkrümmung am Horizont langsam verschwinden sieht. Nur zur Sicherheit: Nein, es fällt dann nicht runter. Es ist für uns nur nicht mehr zu sehen. Selbst die Durchsetzung dieser relativ leicht zugänglichen Einsicht in der Breite der Menschheit hat lange gedauert – mit einer wenig rühmlichen Rolle der verfassten Kirche.

Umso komplizierter wird es, wenn man vom „flat earth" (Unsinn!) zu „flatten the curve" (Kein Unsinn!) kommt. Dies zu vermitteln ist schwieriger, weil es um Viren geht, die man nicht sieht. Um die Mathematik von exponentiellem Wachstum, die einige auch in der Schule nicht verstanden haben. Und um epidemiologische Erkenntnisse, an denen die Wissenschaftler/innen selbst gerade noch forschen.

Also nochmal: Nein, die Pandemie wurde nicht künstlich aufgebaut. Sie ist keine Erfindung dunkler Mächte und dient keiner verdeckten Weltverschwörung. Niemand von uns wollte gerne Situationen wie in Bergamo erleben, schon gar nicht, wenn man selbst oder Menschen, die man liebt, davon betroffen sind. Und es war gut, dass wir gemeinschaftlich alles dafür getan haben, dass es bei uns nicht dazu gekommen ist.

Zugleich ist es ein Zeichen guter Wissenschaft, mit Vermutungen zu arbeiten, die sich später als falsch herausstellen können. Das geht nicht anders. Problematisch ist Wissenschaft nicht, wenn sie sich korrigiert, sondern wenn sie dies nicht mehr tut. Daher: Dank an Sie alle, liebe Virolog/innen und Epidemiolog/innen, dass Sie dem überzogenen Erwartungsdruck von Politik und Öffentlichkeit standhalten und weiter Ihre gute, grundlegende Forschung treiben – zu unser aller Wohl. Und dass Sie Ihr Bestes tun, Politik und Öffentlichkeit auch Zwischenergebnisse in diesem mühsamen Prozess laufend zu vermitteln. Machen Sie bitte weiter, auch wenn es für mich unbegreiflicher

Weise Menschen gibt, die nicht die Viren, sondern Sie für das Problem halten. Die Frage, wie die Politik dann mit diesen Erkenntnissen umgeht und sie mit anderen Perspektiven vermittelt, ist eine andere. Daran müssen wir als Bürger/innen alle mitwirken. Doch wir werden es nur können, wenn wir wissenschaftliche Einsichten (in all ihrer Vorläufigkeit) von bloßen Meinungen und Wunschdenken unterscheiden.

Und daher an alle Leser/innen die herzliche Bitte: Helfen Sie mit, dem Unsinn sogenannter „Halbwahrheiten" zu wehren, wo immer er Ihnen begegnet. Er kann Leben kosten.

Als Evangelische Akademie Frankfurt werden wir zumindest alles tun, was wir können, um „Halbwahrheiten" als das zu entlarven, was sie sind: lebensgefährlicher Unsinn.

11. Über das Zählen
und Spalten von Haaren

Der Gang zum Frisör gehörte für viele zu dem, was sie in der Zeit der kollektiven Quarantäne – neben zahlreichem anderen – besonders vermisst haben. Und zu den ersten Dingen, die sie dann nachgeholt haben. Dazwischen gab es acht, neun Wochen lang ein Kollektiv wuscheliger Haare. Bei Freunden, im Fernsehen, auf Facebook sah man, wie Frisuren sich nach und nach anarchisch auflösten. Und zum besonderen Schreck auch im eigenen Spiegel. Nach dem Shutdown kam dann der Cutdown: Fransen-Pony, Locken, Long Bob, Zöpfe, Pixie Cut, Zöpfe sind geschnitten und hergerichtet. Jetzt ist die Zeit, sich wieder in die Haare zu kriegen.

Die einen raufen sie sich, weil sie nicht verstehen, wie manche den gemeinsam erreichten Erfolg der Quarantäne nicht erkennen („Präventions-Paradox") und ihn jetzt leichtfertig aufs Spiel setzen. Die anderen halten viele Statistiken für Haar-Spaltereien, angesichts derer man die massiven Kollateralschäden aus dem Blick verliert. Um der Gefahr diskursiver Verhärtungen zu entkommen, können manchmal kulturelle Umwege hilfreich sein. Daher hier ein paar Gedanken zu Haaren im Allgemeinen und ihrer gesellschaftlichen bzw. geistlichen Bedeutung im Besonderen.

In einer meiner aktuellen Lieblings-Serien „Fleabag"[23] gibt es eine großartige Szene im Frisör-Salon. Die Hauptperson Fleabag (deutsch „Flohsack"), gespielt von Phoebe Waller-Bridge, stürmt mit ihrer Schwester Claire in den Laden, um Anthony, den Besitzer, rund zu machen, weil der Claires Frisur verdorben habe (2. Staffel, Folge 5):

Anthony: „Ich kann nichts für deine falschen Entscheidungen. Haare sind nicht alles."

Fleabag: „Haare sind sehr wohl alles. Wir wünschten, es wäre nicht so. Damit wir auch mal an etwas Anderes denken könnten. Aber sie sind alles. Es ist ein Unterschied zwischen einem guten und einem schlechten Tag. Sie sind ein Symbol für Macht. Sie sind ein Symbol für Fruchtbarkeit. Dafür werden Menschen ausgebeutet. Und du verdienst deine Kohle damit. Haare sind sehr wohl alles. Anthony!"

„Haare sind alles." Haare stehen dafür, wie andere Menschen uns ansehen. Sie symbolisieren, zu welcher Gruppe wir gehören, welchen Status wir haben, wie es mit unserer Jugendlichkeit aussieht. Voll oder fisselig, Locken oder Glatze, good oder bad hairday. Interessanter Weise ist es gerade der Frisör, der dieser Bedeutungsaufladung widerspricht. Noch einmal Anthony:

„Wenn du dein Leben ändern willst, ändere dein Leben. Hier drin geschieht's nicht."

„Bei euch aber sind sogar die Haare auf dem Haupt alle gezählt." (Mt 10,30) In den Evangelien steht der Satz für die tiefe

Gewissheit, von Gott bis ins Kleinste behütet und beschützt zu sein. Nach der Logik, die vom Kleineren auf das Größere schließt (a minore ad maius): Wenn sogar schon die Haare gezählt sind, von denen ganz normal täglich bis zu hundert ausfallen, wie viel mehr der ganze Mensch? Im Kontext des Satzes geht es um Verfolgung, Unterdrückung, Leiden. Und um die Frage, wovor wir uns als Menschen fürchten sollten und wovor nicht. In dieser Hinsicht können Haare als Maßstab hilfreich sein, um in Krisen-Situationen das Große vom Kleinen zu unterscheiden. Und um manche Maßstäbe zurechtzurücken: Worüber rege ich mich auf, was fürchte ich – und was nicht?

Haare stehen dabei zugleich für eine veränderte Wahrnehmung. Auch dort, wo Leben uns als Menschen vergänglich, klein, nichtig erscheinen mag: In der Perspektive Gottes sieht es anders aus. Die Haare sind gezählt. Bei anderen wie bei mir selbst. Und auch dann noch, wenn sie fahl und grau sind. Oder in der barocken Sprache Paul Gerhardts: „Kein Zähr- und Tränlein ist so klein, du hebst und legst es bei."[24]

Nun gehöre ich zu der Gruppe von Menschen, bei denen Gott mit dem Zählen deutlich schneller fertig ist als bei anderen. „Hair loss happens." Diese nicht wirklich belastende Tatsache führt mich zu einer anderen, wichtigen Pointe der Aussage: Gott bewahrt nicht vor dem Leiden, sondern im Leiden. Leiden sind Teil unseres Lebens. Auch Pandemien gehören dazu. Leider. Und ich halte es für ein narzisstisches Missverständnis, wenn Vertreter verschiedener Religionen tatsächlich geglaubt haben, dass ihr Glaube sie immun mache. Gerade so haben sie fataler Weise zur Verbreitung und zum Leiden anderer beigetragen.

Im Glauben geht es darum, Leiden aller Geschöpfe – soweit es in unserer Macht steht – zu vermeiden, zu lindern, zu beheben. Sich von den verlorenen Haaren der anderen berühren zu lassen. Das betrifft die Leiden, die unmittelbar durch das Virus verursacht werden, ebenso wie die Leiden, die durch die Schutzmaßnahmen verursacht werden. Und es ist gut, wenn uns die Sorge umeinander nicht auseinandertreibt. Dabei wird es sicher weiter unterschiedliche Einschätzungen geben. Das ist gut so in einer offenen-demokratischen Gesellschaft, in der wir gemeinsam nach der relativ besten unter allen vorläufigen, problematischen Lösungen suchen.

„Haare zählen statt spalten." Vielleicht kann ein Gang zum Frisör ja auch dazu beitragen, dass wir den notwendigen Streit gepflegt, kultiviert und in hoher gegenseitiger Wertschätzung miteinander führen.

Tischgebet, anders

Bewahre mich, Gott,
vor der Suche nach dem Haar
in der Suppe.
Es sei denn,
um andere oder mich selbst
vorm Verschlucken zu bewahren.

Ideologischer Spliss

Es ist erstaunlich,
dass 0,05 mm dicke Haare
sich immer noch weiter spalten.
Das schaffen sonst nur Menschen
im Alleinbesitz der Wahrheit.

12. Weil du fehlst – Von Einsamkeit und leeren Stühlen

Die Corona-Pandemie verursacht Leiden verschiedener Art. Eine sehr intensive Form ist Einsamkeit. Wenn niemand da ist, mit dem man reden, lachen, streiten kann. Wenn die Menschen fehlen, die für einen wichtig sind. Oder wenn man sie kaum noch sehen kann. Dies betrifft oft Menschen, die alleine leben. In Deutschland etwa jede/r fünfte, rund 40% aller Haushalte.[25] Häufig auch Ältere, weil sich die Lebenskreise mit den Jahren von selber zusammenziehen.

Mich hat in den letzten Tagen ein Interview mit dem 84–jährigen Rentner Alfons Blum berührt.[26] Er ist seit 63 Jahren mit seiner Frau verheiratet. Seit Dezember ist sie wegen ihrer Demenz im Pflegeheim, wegen der Pandemie konnte er sie nun seit 8 Wochen nicht mehr besuchen. Bei einer Demonstration in Gera erzählt er – unter Tränen – seine Geschichte einem Reporter-Team von ARD EXTRA. Bis er auf einmal von einem anderen Demonstranten wütend angegangen wird, weil er nicht kapiere, dass das „Merkel-Regime" an allem schuld sei. Wenn man ARD und ZDF zuhöre, habe man die Kontrolle über sein Leben verloren. Wut-Ideologie gegen das konkrete Leiden eines alten Menschen.

Doch Einsamkeit ist keineswegs auf Singles oder Alte begrenzt. Menschen fühlen sich allein auch mitten in ihrer Familie oder in einer glücklichen Beziehung. Ich kann einsam sein, auch wenn andere um mich sind. Noch vielmehr, wenn die ganze Besetzung meines Lebens mit einem Mal radikal zusammengestrichen ist. Das Fehlen von Freunden, die mich verstehen. Von Kolleginnen, mit denen ich gemeinsam eine Arbeit leiste, Teil von etwas Größerem bin. Oder einfach von vertrauten „Gesichtern" ohne Namen, die ich sonst auf der Straße, in der Kirche oder am Kiosk getroffen habe. Zu meinem Leben gehört ein ganzer Schwarm von „anderen". Normalerweise.

Beim Start einer Video-Konferenz wurde mir kürzlich angezeigt: „Teilnehmende 1". Ich habe mich gefragt: Wie würde es sich anfühlen, wenn ich wüsste, dass sich den ganzen Tag daran nichts ändert? Zooming alone. Und selbst wenn andere sich zuschalten: Menschen, die mit Displays sprechen, auf denen andere zu sehen sind, die das Gleiche tun. Gewiss, besser als nichts. Aber Bildschirmen kann man eben nicht begegnen.

„Weil du fehlst ..." Dass es im Leben eine Lücke gibt, gehört zu den Grunderfahrungen vieler Religionen. Im Judentum gibt es den Brauch, bei Pessach einen Stuhl für Elia freizuhalten. Bei der Feier des Heiligen Abends in Polen, der Wigilia, wird ein zusätzlicher Platz für einen unerwarteten Gast eingedeckt – auf dass es den Marias und Josefs unserer Tage anders ergehen möge.[27] Mobiliarer Ausdruck einer sozialen Leerstelle. Als Gastronomen Ende April mit leeren Stühlen auf öffentlichen Plätzen demonstrierten, spiegelte sich etwas davon wider. „Wenn Gast kommt, Gott kommt." Wie wird dieser – in schönen Zeit gerne zitierte – Satz religiöser Gastfreundlichkeit eigentlich in Zeiten von Covid-19 gehört: Kein Gast, kein Gott? Oder stehen die leeren Stühle für die dunkle Seite Gottes? Seine Ferne, sein Fehlen, sein Schweigen? Neben der politischen Forderung auch ein Ausdruck säkularisierter Klage?

Es geht nicht, von Gott nur in Schönwetter-Phasen zu sprechen. Umgekehrt halte ich es für theologisch platt, wenn manche religiösen Prediger die Pandemie vollmundig als Strafe Gottes interpretieren. Leider passen Seuchen ideal in die Vorstellungswelt frommer Fundamentalisten: Sie machen Menschen Angst. Und sie bieten Anlass, anderen Sünde, Hölle, Tod und Teufel zu predigen. Nein! „Wie unbegreiflich sind seine Gerichte und unerforschlich seine Wege!" (Röm 11,33) Der Satz richtet sich gerade gegen Menschen, die sich selbst für die persönlichen Berater Gottes halten. Nochmals: Nein! Wir kennen nicht Gottes Wege in der Geschichte (Jes 55,8f.). Und der Versuch, es doch zu wissen, ist allzu oft schiefgegangen. Unsere Aufgabe ist es, mit der Erfahrung umzugehen, die viele Menschen in der Pandemie machen: dass Gott fehlt, ferne ist, schweigt.

„Weil du fehlst ..." Ein paradoxer Umgang mit dem Fehlen Gottes zeigt sich an Christi Himmelfahrt, das in diesen Tagen gefeiert wurde. Es geht an dem Fest ja eigentlich um einen sozialen Verlust: Die unmittelbare Begegnung zwischen dem Auferstandenen und seinen Jüngerinnen und Jüngern endet. Doch Markus und besonders Lukas, der gleich zweimal von der Entrückung Jesu berichtet (Lk 24,50ff., Apg 1,1ff.), geben dem Abschied eine positive Wendung. Zum einen sitzt der Auferstandene nun zur Rechten Gottes (Mk 16,19). Der die Welt in Händen hält, ist niemand anderer als der, der mit den Menschen leidet. Und der ihre Einsamkeit von der Wüste bis zum Garten Gethsemane geteilt hat. Das Ende seiner Präsenz wird so zum Beginn einer neuen Gegenwart. Zum anderen werden die Jüngerinnen und Jünger geerdet und auf einander verwiesen. Von den Engeln schön formuliert: „Ihr Männer von Galiläa, was steht ihr da und seht in den Himmel?" (Apg 1,11) Bei der Himmelfahrt Christi geht es auch um die Erdenfahrt der Christen. Es ist der Anfang dafür, die Lücke des irdischen Jesus zu füllen und für einander zum Christus zu werden: Hungrige speisen, Nackte kleiden, Fremde aufnehmen, Kranken helfen, Unterdrückten beistehen – und Einsame nicht alleine lassen. Ganz im Sinne des mitleidenden Weltenrichters (Mt 25, 31ff.). Himmelfahrt hat so etwas mit Erwachsen-Werden zu tun. Und mit einer Erdung des Glaubens.

In der Pandemie leiden viele Menschen. Ältere Menschen wie Alfons Blum und seine Frau in Gera. Gastronomen, Künstlerinnen, kleine Geschäfte, die keine Kunden mehr haben. Und auch Menschen, die bei keiner Demonstration mitgehen: weil sie sich alleine um ihre Kinder kümmern, weil sie in Flüchtlingslagern leben, weil die Krise sie psychisch krankmacht, weil sie nach einem 10–Stunden-Tag als Päckchen-Bote nicht mehr können. „Die im Dunkeln sieht man nicht"[28] – das gilt leider auch für viele Menschen im Schatten von Corona. Es ist wichtig, dass wir uns – im Sinne Christi – um diese konkreten Nöte von Menschen kümmern. Um die vielen Formen der Einsamkeit, in der wir einander fehlen. Das ergibt für mich mehr Sinn, als gleich den Männern damals in den Himmel zu starren oder wie heute

(noch dazu in einer freien, demokratischen Gesellschaft) auf „die
da oben" zu schimpfen.

Weil Du fehlst

Weil Du uns fehlst, Gott,
an allen Enden
mit Deiner Liebe, Deiner Hilfe, Deinem Verzeihen,
mach uns zu Menschen für einander.
Wir vertrauen darauf,
dass Du, Gott, es zu einem guten Ende bringen wirst,
wo unsere Liebe, unsere Hilfe, unser Verzeihen nicht reichen.

Weil ich nicht verstehe

Gott, ich verstehe nicht:
Dich nicht, mich nicht, die Welt nicht.
Doch ich will es aushalten:
Dich, mich, die Welt.
So wie Christus neben dir.
Und will in seinem Namen leben.
Bis Du es mir einmal erklären wirst.
Und ich mich und die Welt einmal erkennen werde.
So wie wir von Dir erkannt sind.

13. ICH GEHÖRE NICHT DAZU.
HABE ICH EIGENTLICH NOCH NIE.
Vom falschen, gefährdeten und neu begründeten „Wir"

Ich gehöre nicht dazu. Habe ich eigentlich noch nie. Hat nur zum Glück bis jetzt noch niemand gemerkt. Die Eltern: Vertriebene. Mein Vater – ein Katholik aus Schlesien im evangelischen Wittgenstein. Für die gab es damals einen eigenen Schulhof. Meine Mutter – das einzige Mädchen unter sieben Brüdern, die damals ohne irgendetwas aus Danzig kamen. So was steckt tief in den Genen.

Wir waren dann die ersten, die auf ein Gymnasium gegangen sind. Arbeiterkinder – Willy Brandt sei Dank. „Also, wir können euch da nichts helfen. Wenn's nicht klappt, müsst ihr eben abgehen." Das Gleiche im Studium. Zur Sicherheit versucht man, die Erwartungen doppelt zu erfüllen. Als Vikar kam ich aus einer anderen Landeskirche. „Beutehesse." In der Seelsorge-Ausbildung erzählte eine Ausbilderin von einem Mann, der sich in einer Gruppe immer so vorstellte: „Guten Tag, ich heiße N.N. Und ich stinke nicht." Eine skurrile Szene, die mir aber irgendwie in Erinnerung geblieben ist. Kann man Fremdheit, Anders-Sein eigentlich riechen?

„Ich gehöre nicht dazu." Der Satz klingt seltsam aus dem Mund eines weißen, männlichen, mittelalten, biodeutschen Akademikers. Viele Menschen erfahren dies tagtäglich noch einmal in ganz anderer Form. Frauen in Männerberufen oder in Aufsichtsräten: „Sehr geehrte Dame, sehr geehrte Herren". Junge Erwachsene, die mit ihren Eltern aus Russland eingewandert sind: Dort waren sie Deutsche. Hier sind sie Russen. Menschen mit einer dunkleren Haut oder einem fremd klingenden Namen. „Und woher stammst du jetzt eigentlich?" Muslime, Homosexuelle, Behinderte, Arbeitslose, Dicke, Alte, Ostdeutsche. Das Gefühl, fremd zu sein, nicht so richtig dazu zu gehören, ist viel verbreiteter, als man denkt. Wer sind eigentlich diejenigen, die am Ende noch dazu gehören? Der „heilige Rest"?

„Hier ist nicht Jude noch Grieche, hier ist nicht Sklave noch Freier, hier ist nicht Mann noch Frau. Denn ihr seid allesamt eins in Christus." (Gal 3,28) Das klingt immer so schön. Inbegriff der frohen Botschaft, die keine Grenzen kennt. Aber was heißt das eigentlich? Jesus war Jude, Freier und Mann. Und Paulus, der das geschrieben hat, auch. Da lässt sich so etwas leichter sagen. Vielleicht zitieren wir den Satz gerne in der Kirche, weil es die Grenzziehungen früherer Tage sind. Der Anteil von Griechen und Sklaven ist bei uns ja relativ überschaubar. Spannender klingt das schon, wenn man hier andere nennt: „Hier ist nicht Homo noch Hetero, hier ist nicht Wutbürger noch Gutmensch, hier ist nicht Corona-Skeptiker noch Lockdown-Befürworter ..." So kommt Musik in die Aufzählung. Denn es stellt sich die Frage, was uns als Verschiedene eigentlich zusammenhält, was das „Wir" ausmacht – und was Christus damit zu tun hat.

Es gibt ein falsches „Wir". Klassisch bekannt aus dem Krankenhaus oder von politischen wie frommen Sonntagsreden: „Wie geht es uns denn heute?" „Und ich spreche nicht zunächst von mir selbst, wenn ich sage: Wir müssen alle den Gürtel enger schnallen." „Fühlen wir uns nicht alle manchmal schrecklich verloren?" Dieses „Wir" ist unklar, schwammig, vereinnahmend. Es deckt Konflikte zu. Und es hat oft mit einer repressiven Toleranz zu tun. Weil es keine offene Begegnung eines Ichs mit einem Du ist.

Mir fällt es wirklich schwer, viele Formen des Populismus innerlich nachzuvollziehen: Wie kann jemand allen Ernstes etwa Trump, Orban oder die AfD wählen? Selbstkritisch muss ich aber sagen, dass es in dem weltoffenen, liberalen „Mainstream" – zu dem wir als Akademie gehören – blinde Flecken gibt. Dass sich viele Menschen in ihm nicht wiederfinden: „Do you hear me now?" „Man wird ja wohl noch einmal sagen dürfen."

Ja, „wir" müssen als Gesellschaft wieder lernen, offen mit Anders-Denkenden zu streiten. Das Problem des gegenwärtigen Populismus ist aber gerade, dass er genau dieses verhindert. Er beansprucht zu definieren, wer oder was wirklich amerikanisch, ungarisch oder deutsch ist: „Wir – und nur wir – sind das Volk!" Womit wir beim gefährdeten „Wir" sind. Diese Haltung zerstört die Grundlagen demokratischer Streitkultur: Lügen werden zu alternativen Fakten, kritischer Qualitäts-Journalismus dagegen zur Lügenpresse, Justiz und Wissenschaft diskreditiert, wenn die Ergebnisse nicht passen. Wie kann man da noch streiten? „Man wird ja wohl noch einmal sagen dürfen." Ja, das darf ich. Selbst wenn es der größte Unsinn ist oder einfach nur der Mehrheit nicht gefällt. Das gehört zu meinen urdemokratischen Freiheits-rechten. Aber das gleiche Recht haben auch die anderen. Und ich habe eben keinen Anspruch, dass mir nicht widersprochen wird. Und meine Meinungsfreiheit endet, wo ich andere, ein-zelne Menschen oder Gruppen diffamiere – oder die Streitkultur bewusst zerstöre.

Bleibt die Frage, was der christliche Glaube mit dem gefähr-deten „Wir" zu tun hat. Ich glaube, dass es in der gesamten Ge-schichte von Jesus Christus darum geht – die Grundlegung und Entdeckung eines neuen „Wir":

Am Anfang seines Weges lässt er sich taufen. Steigt hinab in den Jordan, in den gleichen Sündenpfuhl mit allen anderen. Ganz anders als Johannes, der Täufer, der das überhaupt nicht versteht. Der lebt als Asket von Heuschrecken und wildem Ho-nig – und in radikaler Distanz zur verkommenen Welt.

In der Wüste widersteht Jesus dreimal der Versuchung, dass er alleine ganz für sich der eine und einzige Gottessohn ist. „Bist du Gottes Sohn, so mach Steine zu Brot, herrsche allein über die Welt, spring von den Zinnen." Auffälliger Weise kommen in den Einflüsterungen des Teufels die anderen niemals vor.

Er sammelt Menschen um sich, die für einen frommen Wan-derrabbiner seiner Zeit höchst suspekt und anrüchig sein sollten: Fischer, einfache Leute, selbst korrupte Zöllner – und viele Frauen. „Dieser nimmt die Sünder an und isst mit ihnen." (Lk 15,2) Für seine frommen Gegner ist er „ein Fresser und Weinsäufer, ein Freund der Zöllner und Sünder." (Lk 7,34) Konsequent übertritt er alle Gebote, die Menschen trennen und Leben behindern: Er heilt am Sabbat, verteidigt eine Ehebreche-rin, lernt von der kanaanäischen Frau, dass auch Heiden wie wir ihn brauchen. Und er erzählt einfache, eindrückliche Geschichten, die genau davon handeln: von verlorenen Schafen, Groschen und Söhnen. Von Ersten, die die Letzten sein werden. Von einem Weltgericht, das alle Maßstäbe auf den Kopf stellt.

Am Ende seines Weges wird er noch ein letztes Mal gemeinsam essen – mit seinen Freunden, von denen er weiß, dass sie ihn alle verlassen, verleugnen, verraten werden. Er wird sich von Judas küssen und von den Römern hinrichten lassen. Festgenagelt in der Gemeinschaft der Schächer. Solidarisch mit jedem, selbst seinen Feinden. Bis zum letzten Moment, als er in seiner radikalen Liebe zu den Menschen nicht nur sein Leben, sondern auch Gott verliert: „Mein Gott, mein Gott, warum hast Du mich verlassen?" (Mk 15,34) Und dann, erst dann erfüllt sich, womit der Teufel ihn verlocken wollte: „Wahrlich, dieser Mensch ist Gottes Sohn gewesen." (Mk 15,39) Und es entspricht der Geschichte seines Lebens, dass die Pointe des Evangeliums von einem römischen Hauptmann ausgesprochen wird. Dem Feind unter seinem Kreuz.

Deshalb ist für mich als Christen nicht denkbar, Menschen oder Gruppen auszugrenzen, weil Gott für uns nicht ohne die Menschen zu haben ist: „Denn wer seinen Bruder nicht liebt, den er sieht, der kann nicht Gott lieben, den er nicht sieht." (1. Joh 4,20) Es gibt das „Wir" mit Christus nicht ohne das „Wir" der anderen. Bis hin zum Preis der eigenen religiösen Rechtgläubigkeit. Das ist das Wunder von Pfingsten: „Parther und Meder und Elamiter und die da wohnen in Mesopotamien, Judäa und Kappadozien, Pontus und der Provinz Asia, Phrygien und Pamphylien, Ägypten und der Gegend von Kyrene in Libyen und Römer, die bei uns wohnen, Juden und Proselyten,

Kreter und Araber: Wir hören sie in unseren Sprachen die großen Taten Gottes verkünden." (Apg 2,9–11)

Und zu der Gemeinschaft kann dann auch ich wirklich dazu-
gehören. Selbst als „Beutehesse".

14. DIE BIBEL IST KEIN REQUISIT
Wider den politischen Missbrauch religiöser Symbole -
und das Schweigen vieler Frommer

Die Bilder von der Ermordung George Floyds und von den folgenden Demonstrationen und Unruhen in den Vereinigten Staaten von Amerika sind zutiefst erschütternd und bewegend. Sie haben gezeigt, wie tief Rassismus, Ausgrenzung und soziale Ungerechtigkeit weiter im Alltag verankert sind – nicht nur in den USA. Diese Krise wird auf erschreckende Weise verschärft durch das Verhalten des US-Präsidenten, der bewusst spaltet statt zu versöhnen, und der offen darüber spricht, das Militär gegen die eigene Bevölkerung einzusetzen. Und er tut dies mit der Bibel in der Hand. Selbst auf der nach unten offenen Skala eines Donald Trump war diese Aktion ein neuer Tiefpunkt: Mitten in einer tiefgreifenden Krise seines Landes lässt er sich am 1. Juni 2020 mit Waffengewalt den Weg zur nahegelegenen St.-John's-Church bahnen, die im Kontext der Unruhen Ziel eines Brandanschlages geworden war – nur um dort vor der Kirche mit der Bibel zu posieren. Ein zynischer, machtpolitischer Missbrauch eines der zentralen Symbole christlichen Glaubens.

Wenn irgendwo auf der Welt Islamisten Gewalttaten begehen, werden Muslim/innen in Deutschland oft aufgefordert, sich davon zu distanzieren. Auch dann, wenn die Opfer selbst muslimisch sind. Auch dann, wenn sie selbst unter dem Missbrauch ihrer Religion besonders leiden.

Wenn Donald Trump die Bibel in dieser Weise gezielt benutzt, widerspricht dies allem, aber auch wirklich allem, woran ich glaube: dem Weg Jesu Christi, der Menschen versöhnte, Feinden vergab und unbedingte Liebe lebte bis zum Kreuz; dem Gott des Friedens, der alle Menschen mit gleicher Würde und Rechten geschaffen hat; dem Wirken des Heiligen Geistes, der Gemeinschaft schafft über alle Grenzen hinweg. Es ist falsch. Abgrundtief falsch. Und ich bin dankbar für die Klarheit, mit der sich viele führende Kirchenvertreter/innen in den USA von dieser „Thron und Altar"-Aktion distanziert haben: „The bible is not a prop", so der bekannte Jesuit und katholische Priester James Martin. Oder die episkopale Bischöfin der Diözese von Washington, Mariann Budde: „He didn't come to church to pray, he didn't come to church to offer condolences to those who are grieving. He didn't come to commit to healing our nation, all the things that we would expect and long for from the highest leader in the land." Stattdessen sei Trumps Handlung „an abuse of the spiritual tools and symbols of our traditions and of our sacred space."[29]

Aber es wäre leider zu einfach zu sagen: Dieser Missbrauch hat mit unserem Glauben nichts zu tun. Donald Trump wusste, was er tat, als er mit der Bibel posierte, wie ungelenk es auch immer ausgesehen haben mag. Er zielte auf das Herz vieler evangelikaler, bibeltreuer, konservativer Amerikaner. Seine implizite

Botschaft: „Seht her, ich verteidige mit Schwert und Bibel unser Land: God's own country. Unsere Vorfahren, die Pilgerväter, haben es als auserwähltes Volk von den kanaanäischen Völkern (Indigenen) erobert. Und ich verteidige es nun, wenn es von anderen Fremden (POC) bedroht wird."

Was später in Erinnerung bleiben wird, sind nicht die Tweets oder die Auftritte eines egomanischen Präsidenten. Es ist das Schweigen von evangelikalen, bibeltreuen, konservativen Menschen. Ihr zustimmendes Schweigen gibt ihm dem Rückhalt, das Land zu spalten, Bürgerrechte zu verletzen und Rassismus weiter zu tolerieren. Das Schweigen vieler Frommer ist das eigentliche Problem.

Nein, dieses Schweigen ist keine Bibeltreue. Daher: ein paar geistliche Anregungen zum Umgang mit der Bibel – für den amerikanischen Präsidenten und „to whom it may concern".

1. Die Bibel lesen, wirklich lesen.

So banal es klingt: Das Beste, was man mit der Bibel tun kann, ist, sie zu lesen. Auch für Donald Trump wäre viel gewonnen, wenn er die Bibel einfach aufschlagen und darin lesen würden. „Tolle lege" statt „take and pose". Und was wäre das für ein völlig anders gelagertes Zeichen gewesen: ein Präsident, der unter der Last seiner Verantwortung auf echter Suche nach Orientierung die Heilige Schrift studiert. Ohne Show, martialisches Gehabe, Vertreibung von Demonstrant/innen. Und wenn er dann – geistgeleitet in der Pfingstwoche – gar auf den Spruch dieser Woche gestoßen wäre: „Es soll nicht durch Heer oder Kraft, sondern durch meinen Geist geschehen, spricht der HERR Zebaoth." (Sach 4,6) Lesen gefährdet Ignoranz.

2. Wer die Bibel liest, begegnet heilsam Fremdem.

Die Bibel ist eine Sammlung von 66 Büchern, aus einer Entstehungszeit von rund 1.200 Jahren, geschrieben von uns unbekannten Autoren an Adressaten, die wir nicht kannten, in Hebräisch, Aramäisch und Griechisch. Von Menschen, die geliebt, gelitten, gestritten, getrauert, gejubelt, geglaubt, gehofft, gezweifelt – und dabei immer wieder mit und um Gott gerungen haben. Es verwundert mich daher immer sehr, wenn manche Prediger im Brustton der Überzeugung sagen: „Die Bibel sagt, dass ...". Und überraschender Weise deckt sich dies ziemlich genau mit der eigenen Weltanschauung eben dieses Predigers. Die Bibel ist ein Streitbuch. Und in ihren fremden Worten begegnet Gott als der Fremde schlechthin. „Versteh Gott nicht so schnell!" Ein Gott, der sich im Hauch eines verwehenden Schweigens offenbart, dessen Name lautet „ich werde sein, der ich sein werde", und der sich letztgültig offenbart in einem Menschen, der mit einem Schrei nach Gott am Kreuz stirbt. „Denn meine Gedanken sind nicht eure Gedanken, und eure Wege sind nicht meine Wege, spricht der HERR." (Jes 55,8) Solch ein Gedanke kann – so Gott will – manchmal selbst Mächtige demütig werden lassen.

3. Sich durch die Bibel lesen lassen.

Mit den biblischen Texten ist es wie mit der Poesie: Der fremde Sinn der Worte erschließt sich mir erst, wenn ich mich selbst in ihnen entdecke. Wenn die Texte beginnen, „mich zu lesen". It's all about me. Das ist die Erfahrung von König David, als er die Parabel von Nathan versteht: „Du bist der Mann." (2. Sam 12,7) Das haben Menschen immer wieder erfahren: Mein Blick auf das Leben verändert sich, der Himmel kommt mir nahe, mein Denken nimmt eine andere Richtung. Das ist der erste Satz, den Jesus sagt, und die Quintessenz seiner ganzen Botschaft: „Denkt um und vertraut der guten Botschaft." (Mk 1,15) Wer die Bibel in die Hand nimmt, riskiert sich selbst, seinen Blick auf die Welt. Deswegen taugt sie nicht zur Legitimation weltlicher Macht – so oft dies auch immer wieder versucht wurde. In ihr stehen Dinge, die für Herrschende nicht einfach sind. Etwa über das Weltgericht: „Was ihr getan habt einem von diesen meinen geringsten Brüdern, das habt ihr mir getan." (Mt 25,40) Das hätten seine Berater Trump vorhersagen sollen.

4. Dem Fluss der Zeichen folgen.

Ein anderes Missverständnis der Bibel besteht darin, dass sie – wegen ihrer Vielschichtigkeit – eben beliebig sei. „Da kann sich ja jeder rauspicken, was ihm passt." Und ähnlich wirkt ja auch mitunter der Gebrauch einzelner Bibelstellen. Gerade bei Menschen, die von sich selbst und der eigenen religiösen Sicht überaus überzeugt sind. Solche Überzeugungen ohne Zweifel halte ich jedoch nicht für Glauben, sondern für Ideologie. Will man aber die Bibel wirklich verstehen und sich selbst durch sie, gilt es, dem feinen Netz der Wörter und Geschichten zu folgen. Kritisch zu hinterfragen, was man immer schon zu wissen meint. So erging es etwa Martin Luther, als er nach jahrelangem Studium der Heiligen Schrift als Mönch, Theologie-Professor, Prediger erstmals den Zusammenhang der Zeichen erkannte: dass Gott alle Menschen aus Liebe gerecht macht, weil niemand seiner Gerechtigkeit entsprechen könnte. Und dem sich so die Tore des Paradieses öffneten. Diesem Fluss der Zeichen folgte knapp 450 Jahre später in anderer Weise Martin Luther King jr., als er bei dem Marsch auf Washington 1963 seine prophetische Rede „I have a dream" hielt.[30] Martin Luther King jr. ist für mich ein

Beispiel im Umgang mit der Schrift, von dem auch unsere Gegenwart mehr bräuchte. Sich vom Fluss der Zeichen bewegen lassen. Das kann helfen, Rassismus, Gewalt und Hass zu überwinden.

Die Bibel ist kein Requisit. Und keine Christin und kein Christ sollte schweigen, wenn sie von Mächtigen dazu gemacht wird. Sie ist für uns vielmehr der Quellgrund, um den anderen Menschen als Schwester oder Bruder zu erkennen. Egal, welche Hautfarbe, Herkunft oder Religion sie oder er hat: Es ist Christus, der uns in ihr oder ihm begegnet.

15. „IT WAS A DARK
AND STORMY NIGHT"
Über die Kraft des ersten Satzes

„It was a dark and stormy night". So lautet der berüchtigtste Anfangssatz der Literaturgeschichte.

Er strotzt vor Melodramatik. Seine Sprache ist überladen. Kitsch pur. Im Englischen spricht man von „purple prose", Literatur mit lila Schleife.[31] Mit dem Satz beginnt Edward Bulwer-Lytton 1830 seine Erzählung „Paul Clifford".[32] Seitdem wurde er unzählige Male zitiert. Das berühmteste Zitat findet sich wohl bei den Peanuts. Snoopy – mit der Schreibmaschine auf dem Dach seiner Hundehütte – beginnt mit diesem Satz sein epochales Meisterwerk: „What a great start."[33]

„Die Gnade unseres Herrn Jesus Christus und die Liebe Gottes und die Gemeinschaft des Heiligen Geistes sei mit euch allen." So lautet der Wochenspruch für die Trinitatis-Woche aus dem zweiten Korintherbrief (2. Kor 13,13).

Mit diesem Satz beginnen die meisten Predigten: der Kanzelsegen am Anfang. Aber: Was denkt eigentlich ein normaler Mensch, wenn er diese Einleitung hört? Marvin, einer meiner früheren Konfirmanden, hat das mal so formuliert: „Ach, den

Heiligen Geist gibt's wirklich? Ich dacht' immer, das wär' nur so'n Spruch von meiner Großmutter: ,Das weiß der Heilige Geist.'" Die fromme, positive Variante von: „It was a dark and stormy night". „Purple prose" – passend zum Lila der Kirche. Eine Art liturgisch-mystisches Raunen: „Muss man nicht so genau verstehen, danach kommt eben die Predigt."

„Der Anfang ist die Hälfte des Ganzen." So heißt es. [34] Wenn das stimmt, hängt von diesem ersten Satz viel ab. Wir beginnen in der Kirche die Predigten dabei eigentlich mit dem Ende. Bei Paulus steht der Satz nicht am Anfang, sondern ganz am Schluss. Vorher geht es in zwei langen Briefen mit 29 Kapiteln um immer neue Konflikte in Korinth. Eigentlich um alles, was die Gemeinden heute auch noch bewegt:

- Lagerbildungen im Kirchenvorstand wegen der neuen Pfarrerin oder dem Organisten,
- die Frage, ob es die Auferstehung tatsächlich gibt,
- Gottesdienste, bei denen sich die einen am Verhalten der anderen stören,
- und darum, wieso die Predigt eigentlich oft so langweilig ist – Paulus' berühmte „Narrenrede".

Ganz am Ende kommen dann die letzten drei Verse des Briefs. Zunächst fordert Paulus die Gemeinde auf, Frieden zu halten. Verständlicher Weise. Dann rät er: „Grüßt einander mit dem heiligen Kuss!" Was für eine schöne Formulierung! Und schließlich als allerletztes:

„Die Gnade unseres Herrn Jesus Christus und die Liebe Gottes und die Gemeinschaft des Heiligen Geistes sei mit euch allen." Paulus steckt in diesen Satz noch einmal alles hinein, damit die Gemeinde trotz ihrer Konflikte bestehen bleibt. Volle geistliche Dramatik. Mehr geht nicht.

Die Frage aber bleibt: Wie können wir so sprechen, dass Menschen nicht „purple prose" verstehen?

„Die Gnade unserer Herrn Jesus Christus":

Gott begegnet uns im Angesicht dieses einen Menschen. Und durch ihn im Angesicht aller anderen. Und nur dort. Weil Liebe eben immer nur von Angesicht zu Angesicht erfahren werden kann. In Begegnung. Das befreit uns von den „Herren" dieser Welt: Durch Christus sind wir Geschwister. Allesamt. Nichts Anderes.

„Und die Liebe Gottes":

Gott ist um dich, unter dir, über dir. Alles, was Du bist, warst und einmal sein wirst, entspringt aus dieser einen, alles umfassenden Liebe. Und irgendwann einmal wird Dein Leben wieder in diese Liebe einmünden. Allen Zweifeln und Ängsten zum Trotz.

„Und die Gemeinschaft des Heiligen Geistes":

Gott wirkt in mir und immer zugleich auch in allen anderen. Deswegen gibt es Glauben nur im Plural. In Gemeinschaft mit anderen. Niemals nur für mich allein oder nur für meine Familie oder nur für unser Volk. Auch wenn Gottes Geist dabei für uns immer unfassbar bleibt: „Gibt's den wirklich?"

„It was a dark and stormy night." Trotz aller Kritik wurde der Satz von der American-Book-Review unter die 100 besten Roman-Anfänge aller Zeiten gewählt.[35] Der Grund war wohl, dass mit diesem ersten Satz ein besonderes Kopf-Kino beginnt.

Mit dem ersten Satz der Predigt beginnt ein Seelen-Kino. Der weite Horizont der Liebe Gottes leuchtet auf. So Gott will, erscheinen in diesem Horizont mein Leben, die Welt und auch die Konflikte in unseren Gemeinden in einem neuen Licht.

Steiler als mit dieser Zusage kann man eine Predigt kaum beginnen. Aber mit allem anderen würden wir unseren Blick hoffnungslos verengen.

Am Anfang

Als es dunkel und stürmisch war
und die Chaosmächte herrschten,
hast Du, Gott, dieser Welt einen Anfang gesetzt.

Als es dunkler und stürmischer wurde
und die Zeit erfüllt war,
hast Du, Gott, selbst als Mensch einen Neuanfang gemacht.

Wenn es um uns dunkel und stürmisch wird
und Finsternis sich wieder breitmacht,
mach Du, Gott, uns zu Menschen, die einen Anfang wagen.
Für andere. Wie Du.
Amen.

16. ALS SISYPHOS ALT WURDE
Von Siegen, Sex und Einsamkeit im Alter

„Herbstgold". So heißt eine Dokumentation von Jan Ten-
haven aus dem Jahr 2010, die mir ein guter Freund vor Kurzem
geliehen hat.[36] Der Film hat mich tief bewegt. Er handelt von
fünf Sportler/innen, die sich auf die Leichtathletik-Weltmeister-
schaften der Senior/innen 2009 in Lahti (Finnland) vorbereiten.
„Senior/innen" meint hier Menschen ab 35 Jahren. Die fünf por-
traitierten Athlet/innen sind zwischen 85 und 100 Jahre alt.
Gabre Gabric aus Brescia (Italien) etwa tritt im Diskuswurf an.
Sie verrät nicht, wie alt sie ist, weil sie es höchst unangemessen
findet, auf ihr Alter reduziert zu werden. Sie ist internationale
Sportlerin – seit ihrer Teilnahme an den Olympischen Spielen
1936. Oder der deutsch-schwedische Sprinter Herbert Liedtke,
der es einfach nicht mag, Zweiter zu werden. Die Frau, mit der
er regelmäßig joggt, kommt für ihn als Partnerin für mehr nicht
in Frage. Obwohl ihm die körperliche Liebe fehlt. Erschrocken
muss er feststellen, dass ein argentinischer Konkurrent in der
Wettkampf-Klasse bis 95 Jahren antritt, den er nicht auf dem
Plan hatte. Ilse Pleuger aus Kiel wiederum knackt zwar den Welt-
rekord im Kugelstoßen der Frauen über 85 Jahren. Aber sie
bleibt einen Zentimeter unter ihrem selbst gesteckten Ziel: nur

5,99 m. Fünf Wettkämpfer/innen, für die Dabeisein nicht alles ist, sondern: „höher, schneller, stärker" (citius, altius, fortius). Ihre Geschichten stehen auf heilsame Weise quer zu stereotypen Bildern des Alterns. Etwa wenn der 100–jährige Alfred Proksch, Künstler und Diskuswerfer aus Wien, beim Aktzeichnen davon erzählt, wie ihm der Sex fehlt, weil seine Freundin vor ein paar Jahren nach Innsbruck gezogen ist. Wenn Frau Pleuger mit einem Besen alleine durch ihre Wohnung tanzt, einsam nach dem Tod ihres geliebten Mannes und zugleich frei, noch einmal neue Seiten an sich zu entdecken. Oder der Tscheche Jiří Soukup, Jahrgang 1927, der seiner kopfschüttelnden Frau die Hoch-Sprungtechnik im heimischen Wohnzimmer demonstriert.

Jeden Tag gehen sie raus, um ihren Körper zu trainieren. Und um den Stein des Sisyphos aufs Neue zu wälzen. Auch wenn die Kräfte mit jedem Jahr nachlassen.

Werden wir weiser? Ich weiß es nicht. Nach meiner begrenzten, subjektiven Erfahrung bin ich eher skeptisch. Wir werden reifer, hoffentlich, und erfahrener. Ein Leben, das – so Gott will – sich entwickeln und eine eigene Note entfalten kann wie ein guter, runder Wein. Mit Aromen des Schönen, Schwierigen und Bitteren. Wir erleben es selbst, noch einmal bei den Kindern (soweit kann ich bisher mitreden), vielleicht auch noch im dritten oder vierten Loop bei den Enkeln und Ur-Enkeln. Und doch stehen wir immer wieder vor dem Geheimnis wie am Anfang: Dass ich bin und nicht „nicht bin". Dass Menschen, die ich liebe, von einem Tag auf den anderen nicht mehr da sind. Und auch ich selbst einmal sterben werde. Welchen Sinn mein Lieben und Leben angesichts des Todes haben – wunderschön, vergänglich, abgrundtief. Der Fels des Sisyphos wird nicht kleiner, je länger wir ihn wälzen. Auch wenn wir die Wege bergauf und bergrunter besser kennen. Das gehört zum Wesen des Geheimnisses im Unterschied zum Rätsel: Es lässt sich nicht lösen, sondern wird tiefer, je intensiver wir uns damit beschäftigen. Erschreckend und schön zugleich.

„Unser Leben währet siebzig Jahre, und wenn's hoch kommt, so sind's achtzig Jahre, und was daran köstlich scheint, ist doch nur vergebliche Mühe; denn es fähret schnell dahin, als flögen wir davon." (Psalm 90,10) Manche biblischen Aussagen zum Alter(n) sind getragen von einem dunklen Moll-Ton. Verständlich in einer Zeit, in der es keine Zahnärzte, künstliche Kniegelenke und gesetzliche Altersversicherung gab. Kein drittes Lebensalter von „Silver Surfern", „Best Agern" oder „Generation Gold", die den Lebensabend beim Caipirinha am Oberdeck genießen. So zumindest in der Werbung. Zugleich geht auch heute Alter für andere weiterhin mit Mühe und vor allem Einsamkeit einher – weltweit, aber auch in Deutschland. Altern hat viele verschiedene, oft wechselnde Gesichter. Es steht quer zu stereotypen Mustern – sowohl von Kreuzfahrt-Romantik als auch von gutgemeinten Fürbitt-Reihen: „für unsere Armen, Alten und Ausgegrenzten". Diese Vielgestalt spiegelt sich auch in der Bibel wider. So findet sich neben der Klage über die „bösen Tage und die Jahre …, da du sagen wirst: ,Sie gefallen mir nicht'" (Pred 12,1–7) eben auch Verheißungen eines prallen, satten, langen Lebens: „Als Knabe gilt, wer hundert Jahre alt stirbt, und wer die hundert Jahre nicht erreicht, gilt als verflucht." (Jes 65,20) Interessant ist dabei das – je nach Zählung – fünfte bzw. vierte Gebot des Dekalogs: „Du sollst Deinen Vater und Deine Mutter ehren" (2. Mose 20,12). Wie die 10 Gebote insgesamt richtet sich auch dieses nicht an Kinder, sondern an Erwachsene. Es geht nicht um den Appell zum kindlichen Brav-Sein, sondern darum, die eigenen, greisen Eltern zu versorgen und wertzuschätzen. Als solches trägt es als einziges der zehn Gebote eine unmittelbare Zusage in sich: „auf dass du lange lebest in dem Lande, das dir der HERR, dein Gott, geben wird." In den Greisen unserer Tage weiter die Wettkämpferin und den Athleten zu sehen, die sie sind. Ihren Leistungen die Achtung zu erweisen, die sie verdienen. Kein Mitleid. Menschen, die kämpfen – wie alle anderen auch: um zu gewinnen, um geliebt zu werden, um die Kugel einen Zentimeter weiter zu stoßen.

Nein, ich glaube, wir werden nicht weiser, nur reifer und erfahrener. Vielleicht. Wir wälzen unsere Steine weiter. Tag für Tag. In der langen Reihe der Generationen. Um denen nach uns Mut zu machen, ihre Felsen zu wälzen. Und um weiterzutragen, worauf die vor uns hofften: „Don't lose your grip on the dreams of the past. You must fight just to keep them alive." (Survivor)[37] Die große Hoffnung, dass einmal all unser Kämpfen und Lieben, unser Wunsch, anerkannt, geliebt, erfüllt zu sein, sein Ziel erreichen wird. Dereinst. Wenn Gott als Liebe sein wird „alles in allem." (1. Kor 15)

Am Ende der Dokumentation „Herbstgold" tritt der hundertjährige Alfred Proksch in den Ring für den Diskus-Wettbewerb. Er ist der einzige Sportler in seiner Altersklasse. Nach einer Knieoperation fällt es ihm schwer, ohne Rollator zu gehen. Aber er lässt ihn außerhalb des Rings stehen. Seine ganze Konzentration ist sichtbar darauf gerichtet, beim Wurf nicht das Gleichgewicht zu verlieren. Nicht über den weißen Balken zu treten.

Dann dreht er, soweit es geht, seinen Oberkörper, zieht den Arm nach vorne, wirft die Scheibe. Und in der allerletzten Einstellung zeigt die Kamera einen Diskus, der fliegt und fliegt und fliegt. Bis hinauf in den Abend-Himmel über Lahti.

Die letzten Runden

Wenn es soweit ist, Gott,
gib mir die Kraft.
Zum letzten Schritt
Über die Ziellinie.
In meiner Zeit.

Doch bis es soweit ist, Gott,
gib mir die Ausdauer.
Um weiter zu laufen.
Runde um Runde.
Tag für Tag.

17. HERRSCHEN, SCHWEBEN, ZAUBERN
drei Versuchungen der Kirche, auch in der Pandemie

Seine Kleidung ist noch feucht vom Jordan-Wasser. Eben erst hat ihn Johannes getauft. Mitten im aufgewühlten, schlammigen Wasser. Seite an Seite mit all den anderen: Zweiflern, Sündern, Frommen. Auch wenn er Johannes dazu erst hatte überreden müssen: „Du doch nicht."

Auch als Gottes Sohn ist er noch feucht hinter den Ohren. Eben erst ist es ihm widerfahren: Der Himmel – grenzenlos offen über ihm. Die Stimme – „Du bist mein lieber Sohn". Der Geist – wie eine Taube, die auf ihn herabkommt. Und dann geschieht es. Als allererstes, wohlgemerkt, nach seiner Taufe. Nachdem er dies alles erfahren hat: Eben jener Geist Gottes führt Jesus in die Wüste, damit er versucht würde.

Man muss sich klarmachen, wie gewagt es ist, seine Erzählung so zu beginnen. Was das theologisch beinhaltet: dass Gott versucht – von wegen „und führe uns nicht in Versuchung"; dass Gott versuchbar ist; dass Gott sich selbst – in seinem Sohn, durch seinen Geist – versucht oder genauer versuchen lässt. Der

Weg Jesu Christi beginnt mit einer Auseinandersetzung in Gott. Mit dem Streit darum, was es heißt, Gottes Sohn zu sein.

„Bist du Gottes Sohn, dann ..." Wie ein cantus firmus durchzieht der Satz die Versuchungsgeschichte.

Drei Mal bietet der Satan als eine Art himmlischer Staatsanwalt, ein „Verwirrer vor dem HERRN" (diabolos), eine Deutung an, was das heißen könnte: „Bist du Gottes Sohn, dann ..." Und er tut dies theologisch versiert mit Verweis auf Stellen der Heiligen Schrift. Drei Versuchungen eines anderen religiösen Gottes- und Selbstverständnisses. Drei Versuchungen, mit denen Jesus sich selbst als Gottes Sohn, als Christus verfehlen würde.

Markus führt die Versuchungen nicht näher aus. Bei ihm heißt es nur summarisch: „Und alsbald trieb ihn der Geist in die Wüste; und er war in der Wüste vierzig Tage und wurde versucht von dem Satan und war bei den Tieren, und die Engel dienten ihm." (Mk 1,12f.) Wie in einer Filmszene sieht man nacheinander die Protagonisten eingeblendet: Satan, die wilden Tiere, die Engel. Das eigentliche Geschehen in der Wüste aber bleibt verborgen. Anders Matthäus und Lukas. Sie schildern ausführlich, worin die dreifache Versuchung besteht. Nur in ihrer Reihenfolge unterscheiden sie sich. Es geht um Herrschen, Schweben und Zaubern. Darin spiegeln sich zugleich drei religiöse Grundversuchungen des Glaubens. Wie gesagt: Es geht um den Weg nach der Taufe, nicht davor. Jesus nachzufolgen, heißt, in die Wüste zu gehen. Sich vom Geist an den Ort der Versuchung führen zu lassen. Die Versuchung Jesu als eine Grammatik religiöser Versuchung: andere Weisen Jesu, sich selbst als Christus zu verstehen – aber eben auch andere Weisen von uns, Jesus als

Christus zu verstehen und uns selbst als Christen. Und die Kirche als Gemeinschaft der Christen.

Ich glaube, dass man die Versuchung Jesu in ihrer Tiefe nur wirklich versteht, wenn man sie als „Anti-Passion" begreift. Es geht am Anfang des Evangeliums um das Ende. Um drei religiöse Wege, mit denen die Geschichte – nach innerweltlichen Maßstäben – hätte „gut" ausgehen können. Ohne Passion und Kreuz. Mit einem religiös erfüllten, langen Leben Jesu: satt, reich, mächtig, einflussreich, wohltäterisch, sozial engagiert, spirituell beseelt, ganz bei sich. Wer wollte das verachten? Drei Wege am Kreuz vorbei. Und auch vorbei an den anderen aus dem schlammig, aufgewühlten Wasser im Jordan. Die anderen spielen bei den drei Versuchung auffälliger Weise keine Rolle. Anders als in der Passion. In der Leidensgeschichte Jesu gibt es zu jeder Versuchung eine Gegengeschichte, in der diese anderen von zentraler Bedeutung sind.

Die erste Versuchung ist, zu zaubern: „Bist du Gottes Sohn, so sprich, dass diese Steine Brot werden." Die magische Verwandlung der Wirklichkeit. Der Traum aller Alchemisten. Aus Stroh Gold spinnen. Aus Steinen Brot. Stein-brot-reich. Essen wie von Zauberhand. Ein Tischlein-Deck-Dich. Genug für alle – zumindest, wenn die mit der Zaubermacht dies wollen. Es ist die Versuchung der Religion, mit Wunderkräften die Gesetze der Natur zu verändern. Auch in der Corona-Zeit war dies zu erleben, wenn Fundamentalisten verschiedener Konfessionen glaubten, der Ansteckungsgefahr von Viren durch religiöse Kräfte begegnen zu können. Eine Ignoranz der Schöpfung Gottes, so wie sie ist.

Jesus verwandelt die Steine nicht in Brot. Er wird seine Jünger/innen später lehren, das vorhandene Brot zu teilen. Mit der auf ganz andere Weise wundersamen Erfahrung, dass es genug für alle gibt. Und er wird sich selbst am Ende seines Weges im Brot den anderen hingeben: „Nehmt und esst, mein Leib, für euch gegeben." Statt der magischen Verwandlung von Steinen zu Brot die liebende Selbsthingabe im Akt des Teilens von Brot und Wein. Christus ist gegenwärtig in der Handlung, im Nehmen, Brechen und Geben des Brotes. Das ist die erste Versuchung der Religion: die Welt zu verwandeln anstatt sich selbst – Magie an Stelle von Liebe.

Die zweite Versuchung ist, zu schweben: „Bist du Gottes Sohn, so wirf dich hinab." Der Sprung von den Zinnen des Tempels – im Vertrauen auf den himmlischen Schutz der Engel. „Denn er hat seinen Engeln befohlen über dir, dass du deinen Fuß nicht an einen Stein stoßest." Ein tiefer menschlicher Wunsch nach religiöser Rück-Versicherung, nicht von ungefähr einer der beliebtesten Taufsprüche. Ging es bei der ersten Versuchung um magisches Zaubern, so zielt diese auf ein esoterisches Schweben. Spirituelle Schwärmerei. Abgehoben von der Schwerkraft in höhere mystische Sphären. In der Pandemie war dies erlebbar, wenn eigenes und fremdes Leben unnötig riskiert wird – als vermeintlicher Akt besonderen Glaubens. Wenn fahrlässige Naivität mit kindlichem Gottvertrauen verwechselt wird.

Jesus wird später sein Leben riskieren. Aber statt eines Schwebens wird er sich festnageln lassen. Statt des selbstsüchtigen Sprungs von den Zinnen der Gang zum Kreuz – in letzter Gemeinschaft mit den beiden Verurteilten neben ihm. Die Engel werden ihn nicht bewahren – weder vor den Steinen auf dem

Weg noch vor den Misshandlungen der Römer. Statt spiritueller Entrückung der Abstieg in die Tiefe der Gottverlassenheit: „Mein Gott, mein Gott, warum hast du mich verlassen?" Und gerade darin erfüllt sich – wie der römische Hauptmann feststellt – paradoxer Weise Jesu Bestimmung: „Wahrlich, dieser Mensch ist Gottes Sohn gewesen." Er ist Gottes Sohn, indem er Gott und sein Leben verliert, um an der Seite der anderen zu bleiben. Das ist die zweite Versuchung der Religion: selbstsüchtig spirituelles Schweben statt des Gangs hinab in die Tiefe der Gottfinsternis – aus unbedingter Solidarität mit den Schächern zur Linken und Rechten.

Die dritte Versuchung ist, zu herrschen. „Das alles will ich dir geben, wenn du niederfällst und mich anbetest." Bei dieser Versuchung geht es nicht mehr darum, was es heißt, Gottes Sohn zu sein. Sondern darum, wie viel es wert ist. Im Vergleich zu „allen Reichen der Welt und ihrer Herrlichkeit". Wie viel sind sie wert: der Glaube, die innere Überzeugung, das eigene Gewissen? Die verführerische Nähe von Thron und Altar. Mit der langen Geschichte verschiedenster unseliger Verquickungen – von gottgleichen Kaisern, Gottesgnadentum und Theokratien. Jede Religion und Konfession hat dabei ihre eigenen Gefahren. Im deutschen Protestantismus war es oft eine zu unkritische Nähe zu den Herrschenden – sei es im Kaiserreich, in der NS-Zeit oder auch in der Demokratie. Etwas Streberhaftes. Die Über-Erfüller des Mainstreams, der sozialpädagogische Primus, natürlich auch in Zeiten der Pandemie. Dies reicht mitunter bis zur Selbstsäkularisierung: dem Unvermögen, existentiell relevant von Jesus Christus zu sprechen.

Jesus wird später niederfallen und anbeten. Nur ein einziges Mal wird dies von ihm erzählt. Im Garten Gethsemane, als er bittet, dass das Leid – so Gott will – an ihm vorübergehe. Kein Kotau im Interesse eigener Macht. Sondern ein Gebet, um die Ohnmacht auszuhalten. Nicht vor dem oder den vermeintlichen „Fürsten dieser Welt". Sondern vor dem „Schöpfer Himmels und der Erden". Vor dem Vater, dessen Gegenwart er bald nicht mehr spüren wird. Ein Gebet zu Gott, um in die Tiefe ohne Gott zu gehen – und um für andere so im Tod nahe zu sein. Und genau darin erfüllt sich paradoxer Weise Jesu Berufung: „Wahrlich, dieser Mensch ist Gottes Sohn gewesen."

„Bist du Gottes Sohn, so steig herab." Die Spötter, die an Jesu Kreuz vorübergehen, werden die Stimme des Versuchers aus der Wüste wieder aufnehmen. Und sie bringen so alle anderen Versuchungen auf ihren eigentlichen Punkt: das Kreuz zu vermeiden.

Es gibt keine Gotteskindschaft ohne die Erfahrung dieser tiefen Verletzlichkeit: sich selbst unbedingt hinzugeben – an die anderen aus dem Jordan – aus der einen, alles bestimmenden Liebe Gottes heraus.

Und das ist es auch, was wir theologisch zu der Pandemie beitragen können: anders damit umgehen zu können, dass unser Leben verletzlich ist, zutiefst verletzlich. Unser eigenes und fremdes. Dazu braucht es kein Herrschen, Schweben oder Zaubern. Sondern den Mut, sich selbst für andere hinzugeben. Sein eigenes Leben zu teilen wie das tägliche Brot.

In einem Akt liebender Ohnmacht.

Und führe uns in Versuchung

Führe uns in Versuchung, Gott,
damit wir den falschen Bildern
widerstehen:
von Dir, von uns, von den anderen.

Aber lass uns, Gott, in der Wüste
nicht allein,
wenn die Stimmen locken:
„Herrsche!" „Schwebe!" „Zaubere!"

Leite uns, Gott, auf dem Weg
den Jesus gegangen ist:
in mutig trotzig verwegener Liebe
zu den anderen, zu uns selbst, zu Dir.

18. Von Nächten in der Corona-Zeit und Traumorten des Lebens

Liebe Leserin, lieber Leser,

gestatten Sie mir – kurz vor dem Ende des Buchs – drei persönliche Fragen:

Wovon träumen Sie nachts, gerade in der Corona-Zeit?

Ist Ihnen dabei schon einmal Gott begegnet?

Und welche sind die Traumorte Ihres Lebens?

Mit dem Träumen ist das ja so eine Sache. Ich schlafe ein. Gebe mein Leben aus der Hand. Und werde auf einmal zum Zuschauer im Schauspiel meines eigenen Lebens. Auf der nächtlichen Seelen-Bühne spielen meine Wünsche, Ängste, Sorgen, Triebe Theater – mein Leben als Tragödie oder Komödie, je nach Lust und Laune und innerer Befindlichkeit. Es geht um mich. Ich spiele alle Rollen – auch die der anderen. Denn es sind ja der Kollege, die Lehrerin, die Eltern, Kinder in meinem Kopf. Mein Alter Ego. Und zugleich kann ich nur daliegen und zuschauen. Der Traum als Bühne, Theater, forum internum der eigenen Seelenkräfte.

„Jetzt tanzen alle Puppen, macht auf der Bühne Licht,
wir tanzen, bis der Schuppen wackelt und zusammenbricht."[38]

Vor ein paar Jahren habe ich an der Mauer neben dem Dom in Meißen ein Graffito gelesen: „Wacht auf, denn eure Träume sind schlecht."[39] Erkenntnistheoretisch ist das natürlich Unsinn: Woher will der Schreiber eigentlich wissen, was ich träume? Und wenn wir uns alle kollektiv im Schlaf befinden, wieso ist eigentlich nur er oder sie wach?

Aber der Spruch hat mich trotzdem irgendwie nicht losgelassen. Die Vorstellung, dass etwas mit unseren Träumen nicht stimmt. Und dass das, was wir Wirklichkeit nennen, selbst ein falscher Traum ist, aus dem wir aufwachen sollten.

Es braucht andere Träume. Keine nächtliche Verdopplung der Wirklichkeit. Sondern lebensverändernde Träume. Die Eröffnung einer anderen Perspektive. Eines neuen Horizontes, in dem es um mehr geht als um das, was es gibt. Der Traum als Einfallstor einer anderen Wirklichkeit. Wie in den Traumgeschichten damals, in früheren Zeiten.

Seinen Bruder hat er betrogen, seinen Vater belogen, danach sich auf Anraten seiner Mutter aus dem Staub gemacht. Jetzt ist Jakob auf der Flucht. Auf dem Weg in eine ungewisse Zukunft, hin zu seinem Onkel Laban. Einem verschlagenen Typen. „[...] und die Sonne war untergegangen und er nahm einen Stein und legte ihn zu seinen Häupten und legte sich an der Stätte schlafen." (1. Mose 28,11) Nachts, allein in der Wüste – mit nichts als einem Stein, um darauf zu schlafen. Sinnbild eines perspektivlos verirrten Lebens. Und dann hat Jakob diesen Traum. Oder besser gesagt: Der Traum hat ihn. Er widerfährt ihm und öffnet ihm eine andere Wirklichkeit. Nicht ableitbar aus der wüsten Verwirrung seines Lebens. Der Traum von der Himmelsleiter:

„Und siehe, eine Leiter stand auf Erden, die rührte mit der Spitze an den Himmel, und siehe, die Engel Gottes stiegen daran auf und nieder. Und der HERR stand oben darauf und sprach:

‚Ich bin der HERR, der Gott deines Vaters Abraham, und Isaaks Gott; das Land, darauf du liegst, will ich dir und deinen Nachkommen geben. Und dein Geschlecht soll werden wie der Staub auf Erden, und du sollst ausgebreitet werden gegen Westen und Osten, Norden und Süden, und durch dich und deine Nachkommen sollen alle Geschlechter auf Erden gesegnet werden. Und siehe, ich bin mit dir und will dich behüten, wo du hinziehst, und will dich wieder herbringen in dies Land. Denn ich will dich nicht verlassen, bis ich alles tue, was ich dir zugesagt habe.'" (1. Mose 28, 12–15)

Es ist der Traum davon, dass Gott wirklich existiert. Der Gott seiner Väter und Mütter, um dessen Segen willen er sich mit Vater und Bruder zerstritten hat. Es ist der Traum, dass Gott mit ihm spricht. Der erhabene Gott im Himmel mit dem Menschen in der Lebenswüste. Dass er sein Leben segnet und durch ihn das Leben aller Menschen.

Es ist der große lebensverändernde Traum, dass Gott mit uns ist – solange „bis er alles getan hat, was er uns zugesagt hat".

Jakobs Traum ist nicht weniger als eine Revolution des Himmels. Ganz gleich, ob es jetzt eine Leiter oder eine Treppe ist: Der Himmelsherrscher spricht und segnet und bindet sich selbst an diesen konkreten Menschen. Einen eigenartigen, verirrten, fehlerhaften Menschen. Gott schreibt seine Geschichte mit uns auf krumme Linien. Und gibt sich selbst in die Abhängigkeit von uns Menschen.

Noch ein zweites Mal wird Jakob Gott in solch einer intensiven Weise begegnen. An dem anderen Traumort seines Lebens, am Jabbok, in Pnuel (1. Mose 32,23–33). Und auch dann wird es des Nachts sein. Die wichtigen Begegnungen mit Gott ereignen sich, wenn es dunkel ist. Dann wird Gott die Himmelsleiter hinabgestiegen sein und ihn anspringen wie ein Flussdämon. Wie ein böser Nachtgeist. Wie eine finstere Macht. Die dunkle Seite Gottes. Und Jakob wird mit ihm kämpfen, ringen, körperlich bis zur Grenze: um sich, sein Leben. Bis Gott ihn am Ende segnet. Bis Gott aufgibt und er mit neuem Namen „Israel" als hinkender Sieger vom Platz geht. Und dann heißt es in der Geschichte:

„Und als er an der Stätte Pnuel vorüberkam, ging ihm die Sonne auf. Und er hinkte an seiner Hüfte." (1. Mose 32,32)

Die ganze Geschichte dazwischen – zwischen dem Sonnenuntergang in Bethel und dem Sonnenaufgang in Pnuel, die zwanzig Jahre in der Fremde, im Dienst bei seinem hinterlistigen Onkel Laban: ein einziger großer lebensverändernder Traum, dass Gott wirklich ist, dass er mit ihm spricht und dass er ihn nicht alleine lässt, bis er alle seine Verheißungen erfüllt hat.[40]

Ich weiß nicht, ob Jakob ahnte, wofür er Esau die Linsensuppe gegeben hat. Und ob er es noch einmal gemacht hätte, wenn er es gewusst hätte, welchen Preis es hat, von Gott gesegnet zu sein. Der Segen Gottes macht das Leben nicht einfacher. Aber er macht es tiefer, weiter und reicher. Und er verändert unsere Träume: „Wacht auf, denn eure Träume sind schlecht."

Die ganze Lebensgeschichte Jakobs als ein Weg zwischen zwei Traumorten: Beiden Orten, an denen Jakob Gott begegnet, gibt er später einen neuen Namen. Beth-El – Haus Gottes – „Hier ist nichts anderes als Gottes Haus und hier ist die Pforte des Himmels." Und Pnu-El – Angesicht Gottes – „denn ich habe Gott von Angesicht gesehen und doch wurde mein Leben gerettet." Es sind Orte, an denen sich seine Träume verändern, an denen ihm Gott begegnet, an denen er Erfahrungen macht, die sein Leben tiefer, weiter, reicher machen. Orte, an die er später wieder zurückkehrt, weil mit ihnen seine Geschichte zusammenhängt.

Vor ein paar Jahren hat sich die Evangelische Akademie Frankfurt in einem Projekt auf die Suche nach Traum-Stätten, Sinn-Orten, Plätzen der Stille in der Innenstadt von Frankfurt gemacht.[41] In der funktionalisierten Topographie unserer Städte kommen solche Orte selten vor. Was vielleicht mit der Banalisierung unserer Träume zusammenhängt. Gott hat es schwer in Shopping-Malls – an sinnentleerten, austauschbaren „Nicht-Orten"[42]. Wir stießen dabei – neben Kirchen, Museen, Theater, Oper – auf die Geschichte der drei Frankfurter Stadtklöster: das Dominikaner-Kloster (in der Kurt-Schumacher-Straße), das Liebfrauenkloster (an der Liebfrauenstraße) und das Karmeliter-Kloster (in der Münzgasse). Es sind alte Gebäude, die früher mitten in der Stadt eigens dafür gebaut wurden, um – neben anderen Aufgaben – in die Stille einzukehren: Orte des Gebets, der Gemeinschaft, der Stille.

Orte, die uns oftmals verlorengegangen sind. Orte, um auf andere Träume zu kommen.

Im Urlaub, so vermuten manche Religionswissenschaftler, gehe es immer auch um einen „Wunsch nach Verwandlung"[43]. Die Sehnsucht nach Traumorten, an denen wir andere, bessere Träume haben können. Für alle, die gerade in der Corona-Zeit nicht schlafen können. Die noch die Steine in ihrer Lebenswüste zu ihren Häupten legen oder am Jabbok mit dem Flussdämon kämpfen:

Hören Sie nicht auf zu kämpfen, bis Gott Sie gesegnet hat. Bis der nächtliche Dämon sich verwandelt. Und bis Gott all die großen Verheißungen erfüllt, die er damals an sein Volk Israel und an seine ganze Schöpfung gegeben hat.

Wovon träumen Sie nachts, gerade in der Corona-Zeit?

Ist Ihnen dabei schon einmal Gott begegnet?

Und welche sind die Traumorte Ihres Lebens?

ANMERKUNGEN

Bei den Quellenangaben habe ich versucht, möglichst leicht zugängliche Nachschlageorte im Internet anzugeben. Bibelstellen werden zitiert nach EKD (Hg.), Die Bibel. Nach Martin Luthers Übersetzung. Lutherbibel mit Apokryphen, revidiert 2017, Stuttgart 2017. Abrufdatum aller angegebenen Internetquellen ist Anfang Juli 2020.

[1] Vgl. www.duden.de/rechtschreibung/Fragilitaet.

[2] Vgl. Nassim Nicholas Taleb, Der schwarze Schwan. Die Macht höchst unwahrscheinlicher Ereignisse, München 2015.

[3] Vgl. Nassim Nicholas Taleb, Antifragilität. Anleitung für eine Welt, die wir nicht verstehen, München 2014, S. 45.

[4] Vgl. den Wikipedia-Artikel zum Film: www.wikipedia.org/wiki/Milagro_%E2%80%93_Der_Krieg_im_Bohnenfeld.

[5] So im Kirchenlied „Es ist gewisslich an der Zeit" von Bartholomäus Ringwaldt (1586), EG 149, Strophe 1.

[6] So im Kirchenlied „Macht hoch die Tür" von Georg Weissel (1642), EG 1, Strophe 4.

[7] So der Anfang des gleichnamigen Kirchenliedes von Friedrich Spee (1622), EG 7, Strophe 1.

[8] So der Anfang des gleichnamigen Kirchenliedes von Valentin Thilo (1642), EG 9, Strophe 1 und 2.

[9] So der Anfang des gleichnamigen Kirchenliedes von Friedrich Heinrich Ranke, EG 13, Strophe 1.

[10] Vgl. Joh 1,46.

[11] Vgl. Nele Moost, Annet Rudolph, Alles erlaubt? oder Immer brav sein – das schafft keiner! Der kleine Rabe Socke, Bd. 23279, Stuttgart 2016.

[12] Vgl. www.nabu.de/tiere-und-pflanzen/aktionen-und-projekte/stunde-der-gartenvoegel/vogelportraets/03735.html.

[13] Vgl. www.wikipedia.org/wiki/Chronotyp.

[14] Vgl. Eugène Ionesco, Der König stirbt. Deutsch von Claus Bremer und Hans Rudolf Stauffacher, Spectaculum 7, Frankfurt 1965, S. 178.

[15] In der lateinischen Version kommt der Zusammenhang von Gold und Morgenröte auch sprachlich schön zum Ausdruck: *„aurora habet aurum in ore."* In der deutschen Fassung meint „im Mund" dabei so viel wie in der Hand.

[16] Der Liedtext stammt von der britischen Lyrikerin Eleanor Farjeon (veröffentlicht 1931) und erlangte durch die Aufnahme von Cat Stevens vierzig Jahre später weltweite Berühmtheit.

[17] Vgl. www.wikipedia.org/wiki/Morgenerst.

[18] Vgl. Ralf Rothmann, Im Frühling sterben, Frankfurt 2015.

[19] Vgl. Ruth Poser, Das Ezechielbuch als Trauma-Literatur, Supplements to Vetus Testamentum 154, Leiden 2012.

[20] Vgl. www.de.wikipedia.org/wiki/Cicely_Saunders.

[21] Vgl. Elisabeth Kübler-Ross, On death and dying, New York, NY 1970; Interviews mit Sterbenden, übers. von Ulla Leipe, Stuttgart 1971.

[22] Vgl. www.wikipedia.org/wiki/Palliative_Care.

[23] Vgl. zur Serie www.wikipedia.org/wiki/Fleabag.

[24] Vgl. Paul Gerhardt, Ich singe dir mit Herz und Mund, EG 324, Strophe 11.

[25] Verschiedene Studien kommen hier je nach Ansatz, Alter, Befragungszeitpunkt u.a. zu unterschiedlichen Werten, vgl. etwa „Einsamkeit in Deutschland" (IW-Report 22/2019; www.iwkoeln.de).

[26] Der Beitrag von ARD EXTRA vom 19. Mai 2020 ist abrufbar unter: www.youtube.com/watch?v=SymyrspF-r8.

[27] Vgl. www.wikipedia.org/wiki/Wigilia.

[28] So Bertolt Brecht, Die Moritat von Mackie Messer, aus: ders., Die Dreigroschenoper (1928). Text online unter: www.lyrikline.org/de/gedichte/die-moritat-von-mackie-messer.

[29] Zur Reaktion verschiedener religiöser Leitungspersonen in den USA vgl. u.a. www.nbcnews.com/politics/politics-news/religious-leaders-lawmakers-outraged-over-trump-church-visit-n1221876.

[30] Vgl. Text und Audio: www.americanrhetoric.com/speeches/mlkihaveadream.htm.

[31] Vgl. www.wikipedia.org/wiki/Purple_prose.

[32] Vgl. Edward Bulwer-Lytton, Paul Clifford, London 1830, Neuausgabe: Newgate Narratives Vol. 4, London 2008.

[33] Vgl. Charles Schulz, It was a dark and stormy night, Snoopy, New York, NY 2004.

[34] Das Zitat wird auf Aristoteles zurückgeführt, der aber bereits selbst ein Sprichwort seiner Zeit zitiert, vgl. Aristoteles, Politik. Übersetzt von Eugen Rolfes, Hamburg 1990, 1303b (V. 4).

[35] Vgl. www.americanbookreview.org/100bestlines.asp.

[36] Vgl. zum Film www.wikipedia.org/wiki/Herbstgold.

[37] Vgl. den Songtext unter: www.songtexte.com/songtext/survivor/eye-of-the-tiger-6bdb7a6e.html.

[38] So das Eingangslied der Muppet-Show, vgl. www.genius.com/The-muppets-muppet-show-thema-lyrics.

[39] Der Satz ist ein Zitat aus einem Gedicht von Günther Eich, Wacht auf (1950), online: www.deutschelyrik.de/wacht-auf.

[40] Zur Deutung dieses ganzen Lebenabschnitts Jakobs als Traum vgl. Benno Jakob, Das Buch Genesis, Nachdruck der Ausgabe Berlin 1934, hg. in Zusammenarbeit mit dem Leo Baeck Institut, Stuttgart 2000.

[41] Vgl. zum Projekt www.evangelische-akademie.de/kalender/sinn_orte-buero-fuer-veraenderung.

[42] Vgl. Marc Augé, Nicht-Orte. Aus dem Französischen von Michael Bischoff, Beck'sche Reihe 1960, München ^{3}2012.

[43] Vgl. Christoph Hennig, Klaus Nagorni, Der Wunsch nach Verwandlung. Mythen des Tourismus. Herrenalber Forum 29, Karlsruhe 2001.

Thorsten Latzel

TROTZDEM

Von der geistlichen Kraft zum Widerstand
in einer verrückten Welt

Theologische Impulse 1

120

Band 1 der Theologischen Impulse:

TROTZDEM. Von der geistlichen Kraft zum Widerstand in einer verrückten Welt   (BoD-Verlag, 156 Seiten, 9,99 €)

Wenn ich nur ein Wort hätte,
- *um meinen Glauben in dieser Welt zu beschreiben,*
- *die Kraft zum Widerstand gegen Unrecht, Hass, Lüge, Gewalt*
- *die Hoffnung darauf, dass die Liebe am Ende wirklich siegen wird,*

dann wäre dies das kleine Wörtchen „trotzdem".
„Trotzdem" – das steht für die tiefe innere Freiheit,
sich nicht von außen bestimmen zu lassen.

Das Buch ist ein Experiment für eine andere Sprache,
um sich selbst, das Leben und Gott neu zu verstehen.
Es bietet 24 Impulse – persönlich, theologisch, kreativ –,
u.a. zu Nachtdämonen, Baumheiligen, Regenschirmen,
Gelassenheit, politischer Empörung und dazu,
warum man Gott nicht so schnell verstehen sollte.

Thorsten Latzel

RISSE

Vom schönen, verletzlichen und
widersprüchlichen Leben

Theologische Impulse 2

Band 2 der Theologischen Impulse:

RISSE. Vom schönen, verletzlichen und widersprüchlichen Leben (BoD-Verlag, 152 Seiten, 9,99 €)

„There's a crack, a crack in everything.
That's how the light gets in."
(Leonard Cohen, Anthem)

Die 22 Essays in diesem Buch beschäftigen sich mit
der wundervollen Schönheit, der tiefen Verletzlichkeit und
der Widersprüchlichkeit menschlichen Lebens.
Und damit, wie oftmals gerade in den Rissen etwas von einer anderen Wahrheit sichtbar wird.
In ihnen geht es etwa um die Berufung des stotternden Mose, zitternde Hände, die Kunst des Radfahrens, Liebe in Zeiten des Alltags, morgendliche Suchfragen oder das wichtige Wörtlein „vielleicht".

Dr. Thorsten Latzel, geb. 1970 in Biedenkopf, war Vikar in Rodenbach und Pfarrer in Erlensee bei Hanau. Von 2005 bis 2012 war er als Oberkirchenrat der EKD für Struktur-/Planungsfragen zuständig und leitete dort das Projektbüro im Reformprozess. Seit 2013 ist er Direktor der Evangelischen Akademie Frankfurt. Thorsten Latzel ist verheiratet, hat drei Kinder und lebt in Darmstadt.